JN124830

部門別に活かす

DX戦略の
つくり方・すすめ方
〈実践編〉

城西コンサルタントグループ

神谷俊彦 編著

新井一成・渡辺裕・上田裕樹 著

アニモ出版

はじめに
〜本書の読み方・活用のしかた〜

　本書を手に取られた方はご存じのことと思いますが、「ＤＸ」（Digital Transformation：デジタル・トランスフォーメーション）とは、「企業がデジタル技術を駆使して、組織やルールを抜本的に見直し、顧客価値を革新的に高めるビジネスモデルを確立すること」をいいます。

　その具体的な内容についてもある程度はご存じであり、本書をきっかけにして、ぜひＤＸを業務に取り入れたいという意識の高い読者の方が多いのではないでしょうか。

　そこで本書では、ＤＸの基本については詳しく触れることなく、経営戦略にもとづいた「ＤＸ戦略」の実践的な活用のしかたを中心に解説しています。

　各部門別の「業務ＤＸ」の企業内における位置づけからはじまり、維持管理の方法までを、体系的に理解できるように章立てを構成しています。

　そして本書では、企業のあらゆる業務を10章に分けて、その業務特有のＤＸ推進の具体策を示しています。

　多くの企業におけるＤＸ推進は、経営戦略にもとづいて段階的に進められるはずですが、各部門による進み具合が揃わずに「部分最適」に陥っているところが多く見られます。各業務のＤＸ化は、「全体最適」にもとづいて進めたいところです。

　企業におけるＤＸ効果は、進んでいる部門に引き上げられる

よりも、遅れている部門に足を引っ張られるといわれます。

　したがって、企業としてやるべきことは、ＤＸ化の遅れている部門をテコ入れすることであり、企業全体の効率化アップの本質もここにあります。

　そのような目でみると、日本の企業では、営業やマーケティング部門などと違って、直接的な利益を生まない総務部門や購買部門など、裏方のような立ち位置で認識される部門へのＤＸ投資は行なわれてこなかった傾向があります。

　しかし、生産性のアップ、効率化と付加価値の向上をめざすならば、これらの部門がＤＸ化に遅れたままでいいということはありません。

　本書では、全体最適についても最後に「経営ＤＸ」としてまとめています。まず、経営全体のＤＸ推進を理解してから各論に入るという意味で、１章→10章→２章〜９章の順で読まれるのもよいかもしれませんが、各部門の現状を改善することに多くのページを割いているのは、企業の弱い部分を強くする手段を明記したかったためです。

　また、あらゆる業務に対応したＤＸ化をめざす内容にしたかったので、企業の全部門が該当するようにまとめています。

　この視点から解説されている指南書は多くはありません。企業全体のＤＸ推進のために、企業内部の業務改善の視点からも、本書をご活用いただければ幸いです。

2023年12月　　　　　　　城西コンサルタントグループ会長

　　　　　　　　　　中小企業診断士　　神谷　俊彦

部門別に活かすＤＸ戦略のつくり方・すすめ方＜実践編＞
もくじ

はじめに ～本書の読み方・活用のしかた～

1章
業務ＤＸの戦略的な実現のしかた

2章
営業・マーケティング業務のＤＸ戦略

3章

製造業務のDX戦略

CONTENTS

4章

購買業務のＤＸ戦略

5章

研究開発業務のＤＸ戦略

6章

総務・人事業務のＤＸ戦略

7章

経理・財務業務のＤＸ戦略

8章

情報システム、法務・知財業務のＤＸ戦略

9章

工場、物流など現場業務のＤＸ戦略

10章

経営のＤＸ戦略の考え方・すすめ方

CONTENTS

カバーデザイン◎水野敬一
本文ＤＴＰ＆図版◎伊藤加寿美（一企画）

業務DXの
戦略的な実現のしかた

執筆 ◎ 神谷 俊彦

業務DXの概論

 ## DX推進に対する政府の取組み

　本書では、各業務のDX化について「業務DX」と呼び、業務ごとに、たとえば「営業DX」「経理DX」などと記述しています。

　日本では、2018年に政府が「デジタルトランスフォーメーション戦略」を策定し、DX推進を打ち出しました。これを受けて、多くの企業がDX化への取組みを開始しています。

　経済産業省は、DXを日本の経済成長や社会課題の解決に不可欠な取組みと位置づけ、産業界のDX推進を積極的に支援しています。

　DX推進の具体的な取組みについてすでに理解されていると思いますが、要するに、「デジタルガバナンス・コード」の策定・普及、「DX推進指標」、「DX人材育成」、「DX拠点の整備」、「DX関連の規制改革」などが中心となる施策ということです。企業のビジネスモデルや組織そのものを変革するという内容で、具体的な事例も豊富に示されています。

　特に、「**デジタルガバナンス・コード**」は、企業のDX推進に向けた経営者の行動原則をまとめた文書です。また政府は、中堅・中小企業等向けに「デジタルガバナンス・コード・実践の手引き」を示して、ガバナンスコードをより実践的に普及してもらう支援もしています。これは、経営者が企業価値向上を推進するために、DXを確実に実践してもらうことで、日本経済全体に浸透させようとする意図もあります。

 ## DX化の真の目的とは

　DXは、近年のデジタル技術の急速な進化や、グローバル化の進展、顧客ニーズの多様化など、ビジネスを取り巻く環境の変化に対

応するために、多くの企業が関心をもって取り組む中心課題になっています。単なるデジタル化やＩＴ化とは異なり、デジタル技術を活用してビジネスモデルや組織体制、働き方などを抜本的に見直し、新たなビジネスを創出したり、既存のビジネスをより効率化・高度化したりすることが求められています。

　ＤＸ化の成功は、企業のみならず、日本の経済成長や社会の発展にとっても重要です。政府は、日本の各企業に対し、ＤＸ推進とその成果を獲得して日本経済全般の活性につながる役割を期待しています。具体的には、業務プロセスのデジタル化、データ分析やＡＩを活用した新たなサービスや商品の開発などを提唱しています。

　ＤＸに関する多くの啓蒙書には、たくさんのテーマが掲げられ、世界中の事例が山ほど示されていますが、本書として取り上げるのは次のテーマに絞っていきたいと思います。

●顧客データの活用による顧客体験（価値）の向上
●ＩＴ活用による新しいビジネスモデルの創出
●人工知能（ＡＩ）や機械学習（ＭＬ）の活用による業務の自動化
●働き方改革の推進による生産性向上

　簡単にいえば、「価値創造」と「生産性向上」です。ＤＸに関する文献を読めば読むほど、単なるデジタル化やＩＴ化と本質的な違いはあまり感じられません。コンピュータによる企業文化の革新は、コンピュータが出始めたころから言われ続けています。いまさら本書で従来との違いを説明するよりも、「**最近の傾向を踏まえて企業革新することがＤＸ対応**」であると、シンプルに考えたほうが動きやすいのです。

　こうして狙いをシンプルにしても、具体的な取り組み方には多くの選択肢が存在します。狙いを絞り切れずに動けなくなり、短期間で成果を出せないことこそ避けなければいけないと思います。

企業のＤＸ化の現状

 ＤＸに対する取組みは確実に拡大している

　2023年現在、ＤＸは世界中で急速に進んでいます。日本においても、政府も企業もＤＸを推進しており、その取組みは拡大しています。

　企業のみならず、ふつうの市民層においてもＤＸの認知度は、たしかに高まっています。新聞・雑誌の記事やＴＶのニュースなどでも、当たり前のように取り上げられています。

　また、企業のＤＸ投資は増加しており、一説には2022年の国内のＤＸ投資額は約１兆円に達していると報告されています。ＤＸ推進の事例においても、新しいビジネスモデルの創出などが報告されています。このことは、今後もさらに進んでいくことが予想されます。

　では、**ゴールにはどれくらい近づいたのでしょうか？**

　経済産業省が発表した「ＤＸレポート2022」によると、2022年時点でＤＸに取り組んでいる企業の割合は、大企業で65.5％、中堅企業で45.0％、中小企業で27.7％となっています。大企業では約７割がＤＸに取り組んでおり、大企業ではＤＸ化が進んでいることがわかります。

　一方、ＤＸ戦略を策定している割合は、大企業で62.0％、中堅企業で38.0％、中小企業で25.0％となっています。

　こうしてみると、ＤＸ化が進んでいる企業の割合は、前年の調査から10ポイント以上増加したものの、感覚的にみて全体の50％程度と思われます。ようやく上昇気流に乗ってきたというところです。戦略的なＤＸ推進が進んでいるとまでは、言い難いのが現状と考えられます。

ＤＸ化にゴールはあるのか？

　ＤＸ化が進むことで、企業の業務やビジネスモデルは大きく変革し、新たな価値が創造されると考えられています。企業のあり方を根本から変える取組みです。

　ＤＸに取り組むことで、企業は新たな価値を創造し、競争力を強化することができます。しかし、日本全体あるいは各企業におけるＤＸ推進のゴールというのは明確なのでしょうか？

　そもそもＤＸがテクノロジーを指しているのか、新しいビジネスの創造を示しているのか、そのような文化の定着を示しているのかは、明らかにはなっていないようです。したがって、ゴールを明確に定めておかなければ、企業にとっていつまでたっても終わりのない活動になってしまいます。本書では、「ＩＴに根ざした企業文化の定着」をゴールとして解説しています。

　企業文化の定着を考えるときには、新しいビジネスモデルの創造あるいは既存ビジネスの改革を達成できる組織が存在するかどうかが判断基準になります。単純にいえば、新しい収益源を獲得するためには、ビジネスの変革が必要で、そのためには変革を推進する核となる組織が必要だろうという考えにもとづいています。

　ＤＸという言葉が現われる前から、世界にはUBERやＧＥのエンジン管理モデルがありますし、コマツの「KOMTRAX」などＤＸといっていいビジネスモデルが出現し、各企業の改革も進んでいます。

　すでに走っているのに、いまさらＤＸという再定義は必要か？という疑問が出ても不思議ではありません。しかし、先の経産省のレポートにもあるように、世界的にみても未達の部分が多いのが現状です。何らかの活動は必要なわけです。

　本書では、業務ＤＸとして企業内のすべての部門のＤＸ化に焦点をあてました。大企業のＥＲＰ化は進んでいても、末端の部署をみると生産性を改善する余地はあります。社内連携や社外連携、そして顧客とのコミュニケーションの課題は尽きないと考えています。

ＤＸ化の課題とは

 ＤＸ化の目標を設定しよう

ＤＸの推進による価値創造とは、企業がその活動によって、顧客、株主、従業員、社会などのさまざまなステークホルダーに対して、価値を創出し、その結果として企業価値を向上させることです。

しかし前述したように、これだけでは概念にとどまっており、ゴールにはなりません。そこで、第一の課題は「**ＤＸ化のゴールを決める必要がある**」ということです。

目標がなければ物事は進みません。ゴールについては設定のしかたに決まったルールがあるわけではありませんから、企業独自のやり方でいいわけですが、一般的には、「経営計画から経営目標を定めて、その達成のためにするべき内容」を決めることになるでしょう。

ふつうは数値目標を立てて、「顧客満足度○○％の達成」「ネット販売○○億円達成」のように、顧客の利便性を改革するＤＸ化の目標を立てる企業が多いようですが、「主力商品のＤＸ武装化」などとスローガン的な目標にしても、行動しやすいと考えます。

価値創造というのが、多くの企業にとって日常となっていないこともあり、それがＤＸ化を推進しない主要因といってもいいくらいです。企業価値を見える化しないと、目標は見えてこないでしょう。目標なきところに計画は生まれませんし、計画なきところに成果がでてこないのは明らかです。目標ができたら計画を作成することになります。

 ＤＸ化の課題を解決するには

上記のように、「デジタル技術を活用して、ビジネスプロセス、

文化、顧客体験を変革し、変化する市場の要求に応え、業務効率を向上させる」ことをめざして目標を設定します。次に、その目標達成のための計画を立案します。この立案作業におけるDX化の最低限の課題としてあげられるのは次の3つです。

> ①経営層（特に社長）のコミットメント
> ②デジタル人材の不足解消
> ③組織風土の改革

　これらは、大企業でも中小企業でも必ず出てくる課題ですが、このようなことは昨日今日言われたことではありません。20年前でもデジタル化の課題として、まったく同じことがいわれていたのです。
　上記の課題が達成できない理由は、企業の事情で違っているとみられますが、多くの企業に共通するのは③の組織風土の改革問題です。DXの課題は、誰かが頑張れば解決するわけではなく、組織力に依存しているのです。
　高い目標設定をかかげても、組織や社員がついてこなければ空回りします。いまは誰でもパソコンやスマホを扱えますが、「コンピュータリテラシー」があっても、以下にあげる「情報リテラシー」や「企業の成熟度」もそれに見合ったレベルにあることが求められるのです。

> ●**情報リテラシー**…情報を適切に理解・活用できる組織能力
> ●**企業の成熟度**……経営や業務において業務プロセスやルールが確立されている度合（1から5までの段階がある）

　上記の2つは、企業内で教育や研修をしなければなかなか備わっていきません。DXを武器として企業価値を高めるための重要な課題の一つが、この「DXを使える組織風土」づくりなのです。

1-4

業務DXを実現するために

ＤＸ化が成功するカギとは

　ここでは、ＤＸ推進による業務効率化と価値創造の方法について
みていきましょう。

　前項でも述べたように、経営層がＤＸの重要性を理解したうえで、
全社的なＤＸを推進する体制を整えることが重要です。これは、主
役である社員に対してＤＸ化の必要性やメリットを理解してもらい、
意欲を高めていくために必要なことです。

　筆者はいままで、トップが風土改革に後ろ向きという企業をほと
んど見たことがありません。大きな企業ほど、ＤＸ推進の部門や組
織化ができあがっており、体制は整っています。

　ただし、経営層や社員が熱意をもっていないと、ＤＸ化が全社に
浸透することはありません。したがって、**カギになるのは継続**です。
ＤＸは役に立つと信じて熱意をもち続けることこそが、成功のカギ
になるわけです。

　端的にいって、ＤＸ推進には「業務効率を高めるための施策」づ
くりの一面があります。従来の組織ややり方では、価値創造ができ
なかったとすれば、その取り組み方を変えなければなりません。

　その変革力を創出するためには、活動時間を生み出さなければ現
場は動けません。だからこそ、ＤＸ化によって現在の成果をより少
ない時間で達成させるために、効率化が前提となるのです。

　業務効率化にはさまざまな方法がありますが、業務効率アップの
実現とＤＸ施策を展開できる環境つくりがペアで必要になります。

ＤＸ化の実現は「ＢＰＲ」で！

　ＩＴ技術を活用して業務効率を抜本的に変えていこうということ

は、かつて「ＢＰＲ」（Business Process Reengineering：業務内容などを見直して再設計すること）といわれていました。

最近では死語になりつつありますが、考え方が古くなったわけではありません。いまでは当たり前になってきたというほうが正しいでしょう。

かつてのＢＰＲは、業務プロセスのなかから「ムリ・ムダ」を排除することで生産性向上へとつなげることが主流でしたが、ＤＸ化では、**企業価値の創造までつなげる**ことを意識するようになりました。

たとえば「給与計算という業務」は、全職場からデータを集めてその内容をチェックして、上司の承認をとったうえで計算が終了します。多くのプロセスを経ていますが、省くことはできません。

デジタル化で改善できるはずですが、担当者は何から手をつければいいのかわからないし、システム構築にかかる労力やコストを考えると、デジタル化を提案する気にならないのが現実です。

解決策としては、職場の仲間と一緒に業務プロセスを見直すことが考えられます。１人で悩んでいても解決できないことでも、皆でやれば道は見えてきます。かつてのＢＰＲでやっていたことです。

そこで、企業価値向上の観点を付加して、「給与計算」業務における付加価値を考え直し、その担当者がどうしてもやらなければならない業務以外はデジタル化することがカギとなるでしょう。企業によって事情は違うでしょうが、ＡＩや既存アプリを使って給与担当者の仕事自体を不要にするという結論もあり得ます。

もちろん、ＤＸ化についてはアプリソフトの導入だけでは完成しない場合も多々あります。新しい機器やロボットなどを装備することと合わせて、実現している事例も多く公表されています。

デジタル技術の発展で、企業には便利なサービスが数多く提供されています。また、外部との連携はこれからますますやりやすくなってきます。これらを、企業価値の向上に利用しない手はないのです。

1-5

業務DXに必要なこと

 社員に共感してもらえる経営指標の提示

　本章では、DXを成功させるためには、経営層がDXを推進する意義を理解し、全社をあげて取り組むことが重要であり、そのための全社体制をつくり上げることを主眼としてきました。

　従業員1人ひとりがDXの重要性を理解し、取り組むことが重要なのは明らかです。そのため経営計画書には、「DXの重要性と企業としての取り組み方」を明記して行動しなければなりません。

　具体的には、経営指標を示すことが、社員で共有するためには重要です。多くの失敗事例を知っている人も多いでしょうから、詳しい解説はいらないと思いますが、社員に共感してもらえないような経営指標を提示するのではDX化は進みません。

　役に立つ指標としては、利益や純資産に関するような以下のものがあげられます。少し学習が必要になりますが、社員がその指標を社内共通言語として使えるようになると社内活性化は進みます。

　DX指標の例

- ●**企業の収益性や成長性を評価する指標**…ROE（自己資本利益率）、ROA（総資産利益率）、EBITDA（営業利益＋減価償却費）、FCF（フリーキャッシュフロー）等
- ●**企業の成長性に役立つ指標**…顧客満足度・ロイヤルティの向上、新製品やサービスの開発、設備投資や人材投資による生産性の向上

 DX化が実現・成功するためのポイント

　DX推進の風土づくり・人材育成は重要ですが、そのためには、

ＤＸ化のゴールをどこにおくか、そして企業で共有できる経営指標の明確化がカギになります。

共有できる経営指標の数値は、一朝一夕には達成できません。トライアルして改善しながらも、売上拡大などで実感できることで浸透していくわけです。社内に達成感が生まれれば、もうゴールに近づいたといえます。

ＤＸ推進といっても、売上や利益の向上を実現するために、顧客満足度や従業員満足度を上げていくという方程式が変わったわけではありません。顧客価値や従業員価値を、デジタル化によってより高いレベルにもっていこうということです。

本書でいう「業務ＤＸ」というのは、企業の最前線の生産性を向上させて、企業のＤＸ化の実現を果たそうという狙いで解説しています。実際最前線が変わらないと、政府や有識者のいうところのＤＸ化が実現するはずもありません。

ＤＸ化が実現し、成功するためのポイントは次の２つです。

●企業全体で推進できる中心組織（推進エンジン）の構築
●情報技術的に核となる人材の育成

全業務に精通しているようなスーパー人材はいませんから、本書では最前線の業務ごとに、必要となる手段を示して、より早くＤＸ推進ができる風土を醸成してもらえるヒントを多く提供することを心がけました。

ここ数年では、通信速度の高速化、ＡＩ（生成ＡＩなど）の急速な進歩、WebマーケティングなどのＤＸ化に寄与する技術・サービスがより進化してあふれています。

企業改革に寄与する材料は必ず存在します。それをできる限り早く吸収してもらえる橋渡し役として、本書をお役立ていただきたいと考えています。

業務ＤＸのカギはデータベース管理

　ＤＸに関する事例を検索すると、多くの成功例を見ることができます。

　本書では、役に立つツールの紹介にページを割いていますが、自社の改革には自社固有の情報を多く蓄積しているほうが有利なのは間違いありません。

　結論からいえば、業務ＤＸの近道は、「データベース管理」の徹底です。企業の価値は、各種データに詰まっています。外部にあるデータは徹底的に活用し、自社にしかないデータをしっかりと管理することが業務ＤＸを実践するうえでのカギです。

　収益力向上のためにはどんなデータが必要か？　営業力強化にはどんなデータが必要なのか？　等を考えて、自社のデータを有効活用するか、自社内に見当たらなければ、自社で蓄積する方法を考えなければなりません。データを外部に依存していると、いつか限界がやってきます。

　江戸時代の商人は、日本の伝統的な会計方法である「大福帳」を使用していたのは有名な話です。

　300年も前から、こういう帳簿をつけて経営していたのは、世界でも最先端のやり方です。大福帳には、自社のすべてのお金のやり取りが整理して記帳されていました。

　すべての取引を記帳しているのは、完全に自社独自の情報です。データベース経営そのものです。

　その膨大なデータをもしも現代で活かそうとすれば、ブロックチェーン技術を採用して資産化するということになります。

　ＤＸ技術には、いまは忘れ去られている江戸や明治時代の商人の知恵をもよみがえらせる力があるのです。

営業・マーケティング業務の
ＤＸ戦略

執筆 ◎ 上田 裕樹

2-1

営業業務のDX化

 営業プロセスのフロー

　営業部門とマーケティング部門は、別組織として機能している企業も多いですが、DXという観点からは営業とマーケティングは密接に結びついており、連携してDX化を図ることが重要です。

　本章の前半では営業中心のDX化、後半ではマーケティング中心のDX化について説明します。

　まず営業業務の流れを大まかに表わすと、下図のようになります。

◎顧客ライフサイクルの流れ◎

	見込み顧客の発掘	見込み顧客のアプローチ	営業・商談	受注・納品	サポート・関係性継続
顧客ライフサイクル	●Webサイト訪問 ●セミナー受講 ●メールマガジン配信	●電話・メール ●セミナー案内 ●資料送付	●提案・商談活動 ●条件交渉	●受注 ●契約 ●成果物納品	●顧客サポート

　←　マーケティング　→　　　　　　　　　←　　　　　　営業　　　　　　→

　顧客ライフサイクルの流れを考えるときには、まず見込み顧客を発掘します。このプロセスはマーケティング業務に分類され、以降の営業業務につながっていき、営業担当者は発掘した見込み顧客に対してアプローチをかけていきます。

　アプローチの方法はさまざまですが、コロナ禍以降は非対面の接触が増えている一方で、セミナーや展示会を通じた顔と顔を突き合わせる商談も依然として重要視されています。

アプローチをした後は、具体的に企画を取りまとめ、商談を行ないます。提案を行ない、顧客のニーズをくみ上げ、交渉を行ない、晴れて受注ということになります。営業種目によって異なりますが、商品やサービスを納入するだけではなく、その後も顧客サポートを行ない、継続的な関係性を構築することが重要です。

以上は、新規顧客獲得へ向けたプロセスですが、既存顧客に対しても継続的なマーケティング活動により、適時適切な提案活動を行ない、継続的な受注をめざしていきます。

このように**営業とは、「顧客とのつながり・接点」をどう創りあげ、発展させ、維持していくかが重要です。**

営業業務の特徴

営業業務の一番の特徴は、社外に顧客がいて、その現場は一つひとつ異なっており、営業担当者の数だけ営業手法があることです。

つまり、業務が属人化しており、各営業担当者またはチームごとに方法論が異なっており、マネジメントが難しい、業務プロセスを管理しにくいという特徴があります。

業務改善でもDX化の取組みでも、現場の状況がそれぞれ異なっているので、他社が実施した優良事例をそのまま取り入れることが、必ずしも成功につながるとは限らないのです。

したがって、営業DXは企業ごとにアプローチや手法が異なって当然、という前提を踏まえて検討する必要があります。

営業DXを進めるうえで有効なツールの導入は、自社の課題に応じて検討すべきであり、営業分野ではSFA（セールスフォースオートメーション）や**CRM**（カスタマーリレーションシップマネジメント）等があります。

これらのツールについても紹介しますが、重要なのは**ツールを導入することではなく、担当者が理解をして業務に有効に活用できるようにすることです。**また、自社の営業スタイル、手法を十分に理解し、自社に合ったツールやシステムを導入することが重要です。

営業企画業務のＤＸ化

 営業企画業務の現状と課題

　本項から具体的な業務別に、どのようにＤＸ化を図っていくかを考えていきます。

　まず営業企画ですが、企業により定義はさまざまで、**営業戦略の立案、予算管理、営業活動のサポート**など対応範囲は広いです。上記以外にも、営業企画で扱う業務はありますが、この３点について本項では考えていきます。

　ビジネスのスピードは増しており、自社、顧客を取り巻く外部環境も以前より大きく変化しています。競合先の状況も日々変化しており、デジタル化が進んだ現在では、新規参入の障壁も少しずつ下がり始めています。

　これまでのように、よいサービスや製品を生み出すことはもちろんのこと、今後は営業手段そのものもアップデートしていく必要があり、営業企画担当者は社外情報と自社の営業体制を把握し、適切な方針を定めなければなりません。

　営業については個人に依存する情報やノウハウが多く、これまでは個人がそういった知見を独占しがちであることが課題でした。営業企画担当者としては、**組織として知見を共有・活用し、変化に対応できるような社内体制を構築する**ことが求められています。

 営業企画業務のＤＸ化

　営業企画で行なうＤＸ戦略は、営業ＤＸの根幹をなすものです。というのは、どのような業務のＤＸ化をめざし、ツール等を導入して業務効率化を行ない、営業効果を最大化するかについて、この企画部門で決定し、営業部門全体へ拡げていく必要があるからです。

　まず重要なのが**現状の把握**です。社内の営業担当者がどのような顧客にどのくらいの頻度でどのような提案をしているか、営業担当者の業務プロセスを可視化します。営業部門は数字という結果だけで判断されがちですが、それだけでは再現性が高く、確度の高い営業プロセスはわかりません。

　こうした**価値の高い営業プロセスや手法を組織に拡げることが組織全体の営業力強化につながります**。営業企画担当者としては、それらを把握し、DX化することで、業務効率化や売上向上をめざしていくわけです。

SFA（営業支援システム）の導入

　営業企画のDX化で初めに検討すべきは「SFA」（営業支援システム）の導入でしょう。

　SFAは営業活動を効率化するもので、営業プロセスの一連の流れ（商談から受注まで）を組織内で可視化し、活動状況を共有・管理・蓄積することができます。

　最新の顧客情報も更新されることから、営業担当者が無駄なく活動でき、**新規顧客開拓など価値の高い業務に注力**できるようになります。

　前述した営業活動の属人化により共有されなかった優れた知見・ノウハウも、SFAの導入により営業プロセスが可視化され、組織全体で活用できるようになります。

　これにより、組織全体で営業活動が効率化するとともに、情報が共有化され、より風通しのよい組織風土の構築にもつながっていきます。

　営業企画部門としては、各営業担当者の知見・ノウハウを収集し、組織全体へ展開するとともに、営業成果から課題を抽出し、分析することで得られたデータから、営業戦略を策定することが可能になります。また、データを活用して売上予測を行なうことで、より実態に合った組織の予算計画の策定が行なえるようになります。

さらには、下図に示したように管理者層や経営者層にリアルタイムのデータや分析レポート等を送付することで、さらに組織間の情報連携が効率的になるでしょう。

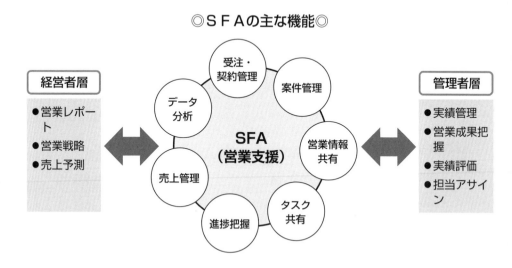

◎ＳＦＡの主な機能◎

データ分析の活用

　ＳＦＡで蓄積されたデータの分析を通じて、これまで営業担当者の"暗黙知"だった顧客のニーズや行動パターンを、より客観的に把握することができます。

　営業企画担当者として、このようなデータを得ることで、より効果的な営業戦略の立案やターゲットの絞り込みが可能となります。

　具体的には、商談内容と回数のデータから、実際に契約につながった事例を抽出し、成功パターンの仮説をたてます。

　次に、その仮説を営業担当者が実際に実施してみて、仮説検証を行ないます。仮に、そのパターンが不適当である場合は、メンバーで話し合い、よりよい手段を模索することでパターンをブラッシュアップしていくのです。

　こうした動きは、営業担当者個人ではなかなかやりづらいことか

ら、営業企画の担当者が営業戦略の一環として、積極的にデータ分析を活用してみることがよい結果につながるでしょう。

 SFAで注意すべき点

このように、営業業務の効率化には欠かせないSFAですが、導入にあたり注意する点もあります。

優秀な営業担当者は、長年の経験に裏打ちされたノウハウを持っており、目標が達成できる限り、いまのやり方を崩したくないと考える人がいます。

このような営業担当者がいると結局、組織で動くことができず、属人化されたノウハウの共有も進まずに、SFAの導入効果は限られたものになってしまいます。

このように、いままでのやり方にこだわると、時代の変化に適応できず、やがて競争力を失うことにつながるため、組織として営業担当者全員の積極的な取組みを推し進めることが重要です。

そのためには、営業企画担当者が旗振り役になり、**DX化のビジョン、目的、期待される業務効率化による効果等、しっかりと組織に浸透させ、全員で取り組んでいく姿勢を醸成する**ことが重要です。

 営業担当者のスキル向上

DX化へ向けて導入するSFAのような便利なツールも、全員に使ってもらえないと意味はありません。

利用するには、新たなスキルや知識が必要となります。営業企画担当者は、社内の教育プログラムや外部の研修などを活用して、営業担当者が適切にツールを使いこなせるように、スキル向上を図る必要があります。

スキル向上によりツールを上手に使いこなせれば、業務効率が上がり、メリットが大きいことをきちんと営業担当者に伝えることも重要でしょう。

2-3

顧客発掘・提案業務のDX化

顧客発掘・提案のやり方

　見込み顧客の発掘には、さまざまなアプローチがあります。

　従来の営業スタイルは、テレアポ、客先訪問、展示会出展、セミナー開催など対面を中心としたものでした。しかし、コロナ禍を経てビジネス環境は大きく変容し、非対面の活動が求められるようになりました。

　ZoomやTeamsといったオンライン会議システムが普及し、非対面で効率的に商談を行なうことが可能になりました。オンライン化されることで、見込み顧客の範囲も拡がり、これまで以上に販路拡大のチャンスが増えたといえるでしょう。

　見込み顧客（潜在顧客）の発掘は、マーケティング業務でも実施するプロセスであるため、ここでは発掘された見込み顧客へのアプローチ・提案という視点からDX化を説明します。

オンライン会議システムの導入

　前述したように、オンライン会議システムはZoomやTeamsといったビデオ通話アプリを利用することで、簡単に導入することができます。

　日々の商談だけではなく、展示会やイベント等もオンライン化が進んでいます。ウェビナー（ウェブとセミナーを組み合わせた造語）による顧客アプローチや獲得も一般的なものになっており、このようなツールを利用することで、客先に出向くことなく、リモート営業ができます。移動時間を減らして、よりコア業務に集中することが可能になるため、業務効率化のためにもぜひ導入したいツールです。

　ちなみに、オンライン会議システムは、単にビデオ会話ができるだけでなく、以下のような多くの機能を有しています。こうした機能を有効利用することで、対面と遜色のない提案活動が可能になります。

①**デスクトップ共有**…自分の端末画面を相手側にも表示できる
②**録画・文字起こし**…映像の録画、会話の自動文字起こしができる
③**ホワイトボード**…リアルタイムでテキストや図形を描画できる
④**ファイル共有**…会議資料の一斉配布や共有ができる
⑤**スマホ利用**…ＰＣだけでなくタブレット、スマホでも利用できる

　一方で、通信状況が悪いとスムーズなやり取りが阻害される、大人数の会議では発言がしにくい、相手の表情や雰囲気を読み取りにくい、といったデメリットもあります。

　信頼関係が確立している相手であれば、そうしたデメリットも克服できるでしょうが、初対面や関係性が難しい相手であれば、オンライン会議だけに頼らず、対面のコミュニケーションも検討しましょう。オンライン会議が普及したからこそ、**対面で膝を突き合わせて会話をする重要性も**、これまで以上に高まったと感じています。

ＳＦＡを利用して提案力を強化

　ＳＦＡは営業提案力を強化するために大きな力になってくれます。たとえば、顧客データだけでなく、大量に蓄積された業界データを利用することで、より**顧客のニーズも理解しやすくなりますし、提案内容にもより深みが増す**でしょう。

　また、営業チーム内で一連の提案プロセスの共有を自動化することで業務効率も向上させることができます。

　さらに、これまではベテラン営業の優れた提案ノウハウは属人化され、共有される機会が少なかったですが、こうした**ノウハウを蓄積してチームで共有することで、営業チーム全体のレベルアップに**もつながります。

2-4

見積・発注・契約業務のＤＸ化

見積・発注・契約の業務プロセス

　見積・発注・契約業務のプロセスは、定型的業務に分類されるので、どの企業もある程度はノウハウが共有されていると思います。

　しかし、業務プロセスを観察してみると、見積書のエクセルシートが部署ごとに異なっていたり、情報量に差があることが散見されます。

　また、見積書をサーバ内で保管する際も、ファイル名のつけ方がバラバラで、最新版がどれなのか担当者に確認しないとわからない、といったことは経験がある人も多いと思います。

　こうした次第に蓄積していく何気ない手間が、業務効率化を妨げているのです。

　定型的な営業業務こそＤＸ化によって得られる効果は、わかりやすく、取り組みやすいと思います。ぜひ、身近なところにある何気ない手間を解消していきましょう。

社内システムの構築

　見積・発注業務については、定型化された業務のため、社内でシステム化されている企業も多いと思います。

　その程度はさまざまで、エクセルシートに記入してまとめたもの、データベース管理ソフトであるアクセスを用いて帳票が作成できるもの、または別途アプリケーションを開発、システム化されているパターンもあります。

　これまで紹介したＳＦＡのなかにも、見積書作成支援システムを備えているものがあり、さまざまな営業活動に関するデータをすべてＳＦＡに集約することで、より効率化が図れます。

　特に、売上情報は組織間で厳密に管理・共有される情報のため、エクセルシートなどで管理するよりも、ＳＦＡ内でデータ管理をするほうが、セキュリティの観点からも望ましいでしょう。

　とはいえ、企業により扱うデータは多様で、すべてをＳＦＡでカバーできるわけではありません。効率的な業務を行なうために、業務を標準化してＳＦＡに合わせていくという考え方もありますが、**既存のシステムを必要に応じて変更しながら、業務効率化を図る**ことをまずは検討するべきでしょう。

　ありがちなのは、新しいツールと既存ツールを併用したために、利用者にとってはわかりづらく、手間が増えてしまうパターンです。

　新しいツールを導入する際は、既存ツールとの統合・集約をまず考え、できない場合は役割分担をしっかりと行なって、業務進行に混乱が起きないよう注意する必要があります。

 ## ＡＩツールの利用

　これらのプロセスのなかでも、発注や契約手続きは厳密性が求められ、ミスが許されない作業です。契約書のリーガルチェック等は専門性が求められ、企業の法務担当者に確認をとる必要があり、一連のプロセスのボトルネック（時間を要するところ）になりがちです。

　最近では契約書のレビューを自動で行なってくれるクラウドサービスも増えてきています。ＡＩを用いることで、文書全般を効率よくチェックすることができ、サービス内で企業のデータやナレッジが蓄積されるとともに、最新の法改正情報も反映されます。

　それらを用いてＡＩが判断してくれるため、契約書の事項の抜け漏れ、修正忘れ等、ありがちなミスが生じにくくなります。

　最後は人間の目でチェックして、文書作成を完了させる必要はありますが、こうした手間のかかる作業をＡＩに任せることができるのは大きなメリットでしょう。

2-5

顧客管理業務のDX化

顧客管理業務とは

　ここで述べる「顧客管理」は、営業担当者が顧客と築いた関係性を効果的に維持・発展させるための手法を指します。この業務は、特にマーケティング担当と協力して行なうケースが多くみられますが、顧客に関する調査や分析については後述のマーケティングの項で説明します。

　営業担当者が実施する顧客管理は、まず顧客とのコミュニケーションを通じて、問い合せ等に迅速かつ適切に対応し、顧客満足度や信頼性を高めること、そして顧客を効率的に管理するためのデータベースを構築し、営業活動の効率化を図ることなどがあげられます。

顧客対応の属人化

　この業務でも、属人化が問題になりがちです。特に、営業担当者が顧客と1対1で対応している場合には、組織として内容を把握することができず、得た経験や知見が組織で活かされません。さらに、顧客とのトラブルが生じた際も、問題が担当者止まりになって火種が大きくなってしまい、最悪、顧客を失うケースも生じかねません。

　円滑な顧客対応を行なうためには、**担当者のみが情報を抱え込むのではなく、チームで共有し、適切な対応を行なう**ことが重要です。こうした課題を営業DXにより解決していきましょう。

ＣＲＭ（顧客関係管理）の導入

　ＣＲＭとは、顧客情報、行動の履歴、関係性をシステムで管理するためのツールです。市場のニーズは常に変化し続け、顧客のニーズも同様です。顧客をつなぎとめるためには、顧客ニーズを的確に

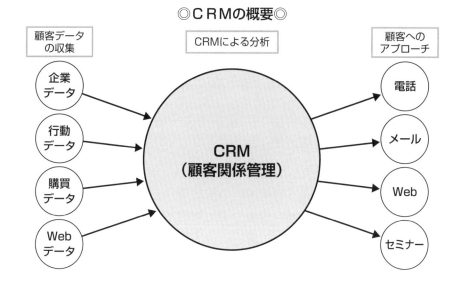

◎CRMの概要◎

顧客データ
の収集

CRMによる分析

顧客への
アプローチ

企業
データ

行動
データ

購買
データ

Web
データ

CRM
（顧客関係管理）

電話

メール

Web

セミナー

くみ取ることが営業活動では必要です。そこで、顧客ニーズを分析し、営業でアプローチしていくためのツールがCRMなのです。

　SFAでも顧客データが蓄積されて組織内で共有されるため、CRMとの違いがわかりにくいかもしれません。

　簡単に整理をすると、SFAは営業活動すべてを組織内で共有し、効率化を行なうためのツールです。一方、CRMは企業と顧客関係性の強化を一番の目的としています。言い換えると、SFAは社内組織向けツール、CRMは社外向けツールという違いがあります。

　CRMは蓄積された顧客データを分析することで、最も適したアプローチ手法を提案可能です。顧客視点の営業を行なうことにより、**これまで以上に顧客関係性の強化が図られ、優良顧客を育成することができる**のです。

　とはいえ、SFAとCRMには共通点も多いため、両者を上手に組み合わせて利用することで、より営業活動の強化につながります。さまざまなSFA、CRMがリリースされていますが、互いに情報連携が可能なシステムもあるため、状況に応じてシステムを使い分けるとよいでしょう。

2-6

人材の育成とマネジメントの強化

営業人材の育成

　本項は、人材の育成や営業担当者のマネジメントといった管理職向けの話です。

　まず、人材の育成は、営業部門の目標達成、長期的な成長のために、常に意識すべき重要な要素です。

　新入社員や経験の浅い担当者は、メンターなど経験豊富な担当者からOJTを通して指導を受けるのが一般的でしょうか。これまでは、指導役からさまざまなノウハウを吸収することで、営業スキルを身につけてきましたが、**SFAを用いることで指導役のみならず多くの営業パターンを学ぶことができる**ようになります。

　また管理者としても、SFAに記載された営業情報を子細に確認することができるようになり、これまでよりも密度の濃いOJTが可能になるでしょう。

マネジメントの強化

　SFAを活用することで、新入社員の教育だけでなく、営業担当者のマネジメントも効率的になります。

　営業部門の場合は通常、個々の担当者が売上げ目標、取引先数、新規顧客獲得数といった具体的な目標を定めますが、SFAに蓄積されたデータにより数字をモニタリングでき、定期的なフィードバックが可能になります。このように適宜、アドバイスを提供できるようになって、担当者のモチベーションアップにもつながります。

　また、これまでは担当者が上司に営業成果を報告することで、取組情報を把握していましたが、報告内容に主観が入ることで正確な営業成果が得られない場合もありました。SFAに蓄積されたデー

タから営業成果を確認することで、より客観的なデータが得られ、予算達成状況のズレも少なくすることができるでしょう。

 KGI、KPIの管理

営業成果を図る指標にはさまざまなものがありますが、「KGI」（Key Goal Indicator：重要目標達成指標）、「KPI」（Key Performance Indicator：重要業績評価指標）を定め、SFA上で管理するとよいでしょう。

KGIは達成指標なので、売上高、成約数、利益率等が該当します。一方、KPIはKGIを達成するための中間目標のことで、訪問顧客数、新規アポイント数、提案数といった短期的で具体的な指標となります。

日々の営業活動でこうした情報をSFAに登録することで、より客観的な営業成果が明らかになり、営業担当者の評価もしやすくなるでしょう。

 BIツールの導入

「BI」（ビジネスインテリジェンス）とは、ビジネスにおける意思決定に役立つ手法のことを指し、具体的には、蓄積されたデータを分析・可視化し、グラフや図表に表現したものを指します。

「ダッシュボード」とも呼ばれ、さまざまな円グラフや棒グラフが並んだ資料を見た人も多いと思います。

BIツールを用いることで、SFAで得られたデータを容易にグラフや図表に変換することができます。これまでは、エクセルデータからグラフを作成し、分析するといった手法が中心でしたが、ツールを使うことで分析が自動化されるとともに、より広く深い分析が可能になりました。

営業データについては、組織と個人の成果がわかりやすく表現されることで、マネジメントに役立ち、営業戦略の策定やトップマネジメントへの報告資料等にも有効でしょう。

マーケティング業務のＤＸ化

マーケティングプロセスのフロー

この項からは、マーケティング業務のＤＸ化についてです。マーケティング業務の流れについては、2－1項で掲載した営業業務のフローと同じ図を再掲しておきます。

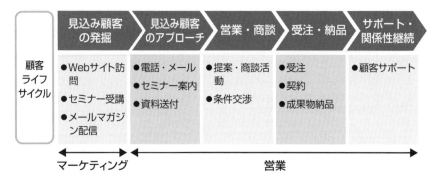

顧客ライフサイクルの流れのなかで、マーケティング業務はスタート地点に位置し、見込み顧客の発掘が主要業務です。マーケティング業務と営業業務が同じフローにあることが重要です。

つまり、マーケティングと営業は一体的に協力して活動することで、顧客ライフサイクルが強固なものになるのです。

では、見込み顧客の発掘について具体的なプロセスを見ていきましょう。

マーケティング用語で「**アイドマ（ＡＩＤＭＡ）の法則**」というものがあります。これは、「Attention（注意）→ Interest（関心）→ Desire（欲求）→ Memory（記憶）→ Action（行動）」の頭文字を取ったもので、消費行動のプロセスを示したものです。

マーケティングでは、ターゲットとなる消費者に、自分に関係する商品やサービスであることを認知させることがポイントになりま

す。つまり、ＡＩＤＭＡでは「Attention」（注意）を重要視します。

そのための施策として、以下のような例があります。こうした施策を巧みに組み合わせてマーケティング業務を実施していきます。

①**市場調査、ターゲット調査を行ない顧客のニーズや要望を理解**
②**ブランディングを行ない、企業や製品イメージを高める。そのために魅力的なロゴやスローガンの作成、ウェブサイト構築を行なう**
③**メディアを介した情報発信、ウェブサイト、ＳＮＳ、ブログ等を活用して有益な情報、コンテンツを発信する**
④**プロモーションやキャンペーンを実施し、顧客の注意を引く**

 ## マーケティング業務の特徴

マーケティング業務については、施策として先ほど事例をあげたように、理論や戦略、実施すべき施策はある程度体系化されています。難しいのは**長期的なビジョンを設定したうえで、目標達成に向けてどのような施策を、有効に実施していくかを検討**することです。

また、顧客ライフサイクルの流れの上流に位置し、営業担当と協力して施策を実施したり、企業のビジョン等の経営計画を踏まえた戦略を策定するなど、社内の各部署との連携が重要になり、その点が大きな特徴です。

マーケティング分野は、日々トレンドが変化し、新しいテクノロジーも投入される分野であり、デジタル化やＤＸ化は他の業務に比べても進んでいます。だからこそ、担当者はデジタル化に対して高い感度を持っている必要がありますし、ＤＸ化に関しては他部署のお手本になるように進めていくことが求められるでしょう。

マーケティングの一連のプロセスについてデジタル化を行ない、業務効率化、価値創出を図り、競争力を高めることを考えていきましょう。

2-8

マーケティング調査・分析業務の DX化

調査・分析の手法とは

消費者の行動、市場トレンド、他社の競合状況などを調査・分析することで効果的なマーケティング戦略の策定が可能になります。一般的な市場調査・分析手法を紹介しておきましょう。

①デスクトップリサーチ

インターネットやデータベース検索により二次情報を収集し、市場トレンド、競合情報、業界データなどを調査します。

②ユーザーリサーチ

企業のHPへの問い合わせ、アンケート調査、面談、観察などを通じて、消費者の意見や行動を直接収集します。

上記にあげたものは調査・分析手法の一部で、ほかにもさまざまなアプローチがあります。特に、①や②については定量的なデータを扱うため、作業に多くの手間がかかることが予想できます。

リサーチ結果のデータ群を、これまでは担当者が独自に処理することが多く、処理方法も担当者次第で客観的なデータ分析ができないことがありました。そこで、こうしたデータを適切に処理、活用することで、リサーチ業務のDX化をめざしていきましょう。

データの利活用

「データの利活用」とは、**収集したデータを分析し、得られた結果を企業が抱える課題解決につなげ**たり、**新たな付加価値の創出につなげていくこと**です。これらによって、新たな市場開拓や差別化による企業競争力の強化を実現させることができます。

ここでは、マーケティング業務におけるデータ利活用を行なうためのプロセスについて紹介していきます。次ページ図で示した一連

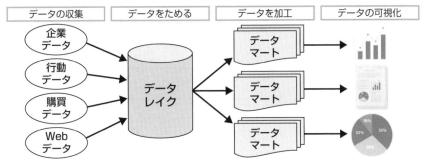

のプロセスに沿って説明していきましょう。

①データの収集

　企業のＨＰや営業担当者が所有するデータを、効率的に収集していきます。アナログデータが混在すると、収集作業は煩雑になるので、収集プロセスのデジタル化を行ない、限りなく収集が自動化できるようにします。

②データの保存

　収集したデータは、ＣＳＶ（「,」で区切ったデータ）といったデータだけではなく、アクセスログ、音声データといったさまざまな形式のデータが存在します。こうしたデータをまとめて保管するシステムを「**データレイク**」と呼び、収集したデータが間違いなくデータレイクに保存されるようにします。

③データの加工

　データ分析に向けて素材データを目的に応じて、集計・統合といった加工を行ないます。加工されたデータは構造化データとなり、加工されたデータを「**データマート**」と呼びます

④データの可視化・分析

　加工しただけでは数字の羅列であり、分析や意思決定を行なうことはできません。ＢＩツールを用いてグラフやチャートへ変換するなど可視化を行なうことによって、プレゼンテーション等に用いる適切なデータを作成することができます。

2-9

デジタルマーケティングの活用

 ### デジタルマーケティングとは

「デジタルマーケティング」とは、主にオンライン広告、ＳＮＳ、Ｗｅｂサイト、メール、検索エンジン最適化（ＳＥＯ）といったインターネットメディアを活用したマーケティング戦略です。

検索エンジンの上位表示やバナー広告といった手法は、以前から活用されており、ふだんインターネットを閲覧していると、見る機会も多いと思います。

現在のデジタルマーケティングは細分化され、多くのアプローチがあります。

たとえば、ＳＮＳに製品広告を掲載するだけではなく、インフルエンサー（ＳＮＳ上でフォロワー数がきわめて多いなど、利用者に一定の影響力を持つユーザー）に製品を使用してもらった動画を作成し、ＳＮＳ上に掲載するなど、狭いターゲット向けにＳＮＳを有効に活用する事例も増えてきました。

このようにデジタルマーケティングには、さまざまな手法がある一方で、本当に効果が出ているのかきちんと検証を行なうことが重要です。

デジタルマーケティングは、従来の広告媒体に比べて、このような検証を行ないやすい点がメリットであり、**まずは施策を打ってみてトライアンドエラーを繰り返すといったことができるところもメ**リットの一つです。

 ### MAの導入

ＭＡとは、「マーケティングオートメーション」の略で、デジタルマーケティングで利用されるソフトウェア・アプリといったツー

ルです。

　ＭＡは、マーケティングプロセスを自動化し、マーケティング活動を効率的に管理および実行するための手法です。営業業務ではＣＲＭを紹介しましたが、ＭＡはよりデジタルコンテンツの分野に機能を絞り込んだイメージです。

　ＭＡの主な機能には、以下のようなものがあります。

①見込み顧客の一元管理

　Ｗｅｂサイトでの問い合わせ者、セミナー参加者といった見込み顧客情報を一元管理します。また、Ｗｅｂのアクセス解析、たとえば企業Ｗｅｂサイトの滞在時間などの行動履歴の解析といった情報まで把握できるところが、ＣＲＭとの違いでしょう。

②メール配信、コンテンツの提供

　見込み顧客に対して、ニーズに合わせたメール配信、Ｗｅｂ広告掲載などを行ないます。たとえば、アンケートである回答を選んだときに特定のメールを自動配信するなど、自動化することにより業務効率化につながります。

③見込み顧客のランク付けによる営業支援

　見込み顧客の行動解析などの結果、見込みの度合いをランク付けします。それにより確度の高い見込み顧客に、優先的に営業活動を行なうことで、より効率的に営業を行なうことができます。

　このように、これまではマーケティング担当者が手作業で行なってきた業務をＭＡによってＤＸ化することができます。

 ## マーケティング専任担当者がいない企業ほど有効

　ＭＡの導入により、マーケティング業務がシステム化されることからマーケティング業務に不慣れな社員でも手軽に扱えるようになります。つまり、**マーケティングの専任担当者がいない中小企業こそ、ＭＡを導入することでＤＸ化を進めることができます**。

　人手不足で人員を割けず、マーケティング自体が後回しになるような企業こそ、有効なツールになるでしょう。

2-10

営業・マーケティング業務の
ＤＸ戦略のまとめ

営業・マーケティングのプロセス

　これまで営業、マーケティングそれぞれの業務のＤＸ化について、ＳＦＡ、ＣＲＭ、ＭＡと複数のツールを紹介してきました。ここでは、営業・マーケティングのプロセス全体を改めて俯瞰してみます。

　下図のように、顧客獲得へ向けたマーケティング業務にはＭＡを、見込み顧客への提案活動から受注まではＳＦＡを、その後のサポートや顧客関係性の維持にはＣＲＭと、それぞれのプロセスで利用するものが変わります。

◎営業・マーケティングのプロセスとデジタルツール◎

見込客獲得・育成	提案・受注	サポート・顧客維持
MA	**SFA**	**CRM**

　導入するソフトによっては、3つすべての機能を含んだもの、それぞれのシステムが連携できるもの、など一貫したプロセスをＤＸ化できるようになっています。

　すべてのプロセスをデジタルでつなぐことで、より一層の業務効率化が図られますが、**利用目的を明確にせずに先行してツールを導入してしまうと、十分な効果が得られない**ことになります。

　まずは、自社の業務フローとそれらの成果に着目し、見込み顧客へのリーチが不足していればＭＡ、受注活動の結果が思わしくなけ

ればＳＦＡ、顧客サポートが不足していればＣＲＭなど、**自社に足りない点を明確にして必要なツールを利用する**ようにしましょう。

　営業、マーケティングなど担当部署によって導入するツールも分かれてきます。一方で、これらのツールを連携させ、一体的に利用することで、コスト面でも業務効率化面でも大きなメリットが発揮されます。**導入する際は、それぞれの担当者ごとに検討するのではなく、一連のプロセスを担うメンバーでプロジェクトチームを組み、一体的に検討することが重要**です。

　部署内での連携が難しければ、経営層を巻き込む、外部の専門家にコンサルティングを依頼する等、第三者的視点を加えることも検討しましょう。組織を客観的に分析できる第三者の意見であれば、組織内の了解も得やすいでしょう。

　ただし、導入をコンサルタント任せにするのではなく、自分たちの業務に一番詳しい自分たちが導入を主導することが重要です。

営業とマーケティングの融合

　営業部門とマーケティング部門が上手く連携できずに、課題を抱える企業も多いと思います。これまで説明してきたように、顧客のライフサイクルはどちらの業務にも深く関わっており、顧客満足度向上のためには両部門が上手く連携し、**最終的には営業とマーケティングが融合することが重要**です。

　ＤＸ化を進めることは、営業とマーケティングの融合に向けた大きな契機となるはずです。ツール導入へ向けて、業務フローを分析することで、営業部門、マーケティング部門それぞれで何が不足しているか、どのように連携していくかが明確化されるからです。

　ツールの導入だけではなく、こうした**組織間の連携が図られ、業務効率化が進み、顧客満足度が向上することが、真のＤＸ化**といえるでしょう。

　こうした課題を情報システム担当者だけではなく、部署全員で共有し、ＤＸ化をめざしていきましょう。

データ分析のアプローチ

本文では、ＳＦＡなどのツールを使ってデータ分析を行ないましょうと説明してきましたが、実際にどのようにデータ分析を行なえばよいのでしょうか。

データ分析のアプローチには、一般的に２つの方法があり、それぞれ「仮説検証型」と「仮説探索型」があります。

①仮説検証型

この方法論は、まず一般論や経験論を踏まえて、「顧客はこうした技術を求めているのではないか」といった仮説を立て、それをデータで立証していくというアプローチです。

仮説検証型のメリットは、仮にデータで立証できなければ、すぐに異なる仮説を立て、検証を繰り返すことができることです。

つまり、試行錯誤を行ないながら進めていくため、議論を交わすなかで、これまで思いつかなった仮説にたどり着き、思わぬ成果につながることもあります。

②仮説探索型

この方法論は、あらかじめ準備したデータを多面的に分析し、すでに存在している仮説や導き出された法則性をデータによって立証していくというアプローチです。

仮説探索型のメリットは、ある程度想定された方向性をもとに進めていくため、データ分析などの分量は多くてもゴールがわかりやすい点です。一方で、意外性のある成果にはつながりにくいかもしれません。

一般的に、ビジネスにおいてデータにもとづいて、あらかじめ想定できる仮説というのは少なく、①の仮説検証型を用いることが多いでしょう。**仮説と検証のサイクルを繰り返し、粘り強く課題・解決策を考えることが重要**なのです。

3章

製造業務のＤＸ戦略

執筆 ◎ 新井 一成

3-1

製造業務の全体像

 製造業務とは

　本章で扱う「**製造業務**」とは、受注情報あるいは販売予測などにもとづいて、製品の製造を行ない、製品を在庫または出荷するまでの一連の業務をいいます。

　製造に直接関わる業務に加え、「品質管理」「原価管理」の業務も含めます（次ページ図の中央のアミ掛け部分）。

　また、製造には直接関わりませんが、製造設備を管理する「設備管理」、製造に伴って発生する廃棄物や労働環境を管理する「環境管理」、製造のための燃料やエネルギーを管理する「エネルギー管理」も含めることにします。

 それぞれの業務の内容

　受注情報等にもとづいて生産計画を策定し、製造する数量（個数、台数など）に必要な材料や部品などの資材の所要量を計算し、資材手配を行ない、また製造ラインに製造手配を行なう一連の業務は、「（狭義の）生産管理」と呼ばれます（図の破線で囲んだ部分）。

　製造現場では、製造手配を受けて、生産予定表を作成し、各製造ラインや製造要員をアサインします。実際の製造にあたっては、製造要員や製造用機械を稼働させ、できあがった製品の検査を行ない、最終的に在庫として入庫する一連の「工程管理」が行なわれます。

　「在庫管理」は、製造した製品の在庫と出荷に加えて、製品製造のために必要な原材料や部品の在庫を管理します。製品によっては、完成前の半製品の形で在庫を持つ場合もあります。

　「原価管理」では、製造した製品の原価を把握するために、原材料の使用量、作業者や設備の稼働状況、不良品の発生状況などを収

◎製造業務の全体像◎

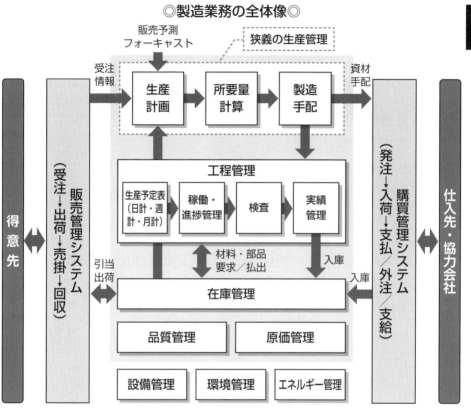

集します。

「品質管理」では、検査による不良品の発生状況に加え、原材料や出荷製品のトレーサビリティの確保、顧客からのクレーム情報の蓄積などを行います。

製造設備の稼働状況から必要な保守を行なうための「設備管理」、「廃棄物の管理」、安全確保を含む「労働環境の管理」は、日々の製造業務には直接関連しませんが、製造現場を維持するためには欠かせない業務です。

また、製造に必要な電力や燃料などの「エネルギー管理」は、コスト削減だけではなく、ＳＤＧｓに対応するためのCO_2削減とからんで、これからは無視できない業務となりつつあります。

3-2

生産管理業務のＤＸ化

 生産管理業務とは

　ここでは、「狭義の生産管理」業務に相当する「生産計画」「所要量計算」「製造手配」について説明します。

　生産計画では、受注情報や販売予測、現在の完成製品在庫の状況から、「何を・いつまでに・どれだけ」生産すればよいかを計画します。

　この結果の計画から、「ＢＯＭ」（Bill Of Materials：部品構成表）にもとづいて、必要となる部品や材料の所要量を計算します。その後、製造指示を作成して、生産現場に作業指示を行ないます。部品や材料で在庫のないものについては、購買を通じて発注を行ないます。

　これらの業務については、「**生産管理システム**」のなかに含まれていることが多くなりますが、システムの導入にあたっては、①必要情報のデータ化、②自社業務との整合性が重要となります。

 必要情報のデータ化

　まず、データ化すべき必要情報としては、生産計画の前提となる「受注情報」「販売予測」「完成製品在庫情報」などがあります。

　受注生産が大部分の企業であれば、受注情報のみデータ化すれば、その他は手入力等でも対応できるなど、自社の事業の特性に合わせてデータ化を進めることになります。

　次に必要な情報として、「ＢＯＭ」があります。製品を構成する部品数が非常に少ない、あるいは製品種類が非常に少ない場合には、手作業で対応することも可能ですが、多くの場合はデータ化しておくことが必須になります。

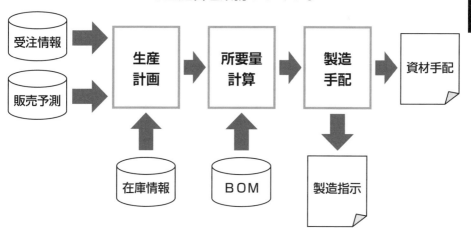

◎生産管理業務のしくみ◎

受注情報 → 生産計画 → 所要量計算 → 製造手配 → 資材手配

販売予測 → 生産計画

在庫情報 → 生産計画

BOM → 所要量計算

製造手配 → 製造指示

　所要量計算の際に、ＢＯＭに加えて、製造工程における作業人員、機械設備、費用なども考慮する場合は、それらの情報のデータ化が必要になります。

自社業務との整合性

　自社業務との整合性については、まず自社が受注生産型なのか、見込み生産型なのか、あるいはその両方に対応するのかにより、導入するシステムが異なります。

　生産管理におけるこの部分がまさに属人化されて、最もＤＸ化しにくい部分です。この部分こそ、ＡＩによる生産効率化がカギになります。

アプトプットのデータ化

　生産管理のアウトプットは製造指示と資材手配ですが、これらも紙またはＰＤＦなどの紙形式による出力の他に、データ出力に対応できれば、後工程である、工程管理や購買業務のＤＸ化につながり、企業全体のＤＸ化が進みます。

3-3

工程管理業務のＤＸ化

 生産予定表の作成

　工程管理は、製造指示を受けてから実際の製品を製造し、入庫（在庫）するまでの、製造現場での工程の管理を行ないます。

　最初に、製造指示を受けて、実際の製造ラインの作業予定を作成し、現場に「生産予定表」の形で展開します。

　生産予定表は、月ごとの月計、週ごとの週計、日ごとの日計などがあります。

　従来の紙やホワイトボードによる提示に代えて、データ化することで、大型ディスプレイや作業者の手元のタブレットに表示できるため、誤記が避けられ、視認性がよくなり、さらに変更への対応が容易になります。

　生産予定表の作成自体は、設備の稼働状況、作業者のスキル、部材の手配状況など、さまざまな要件を考慮する必要があり、従来は職人芸的なスキルにより作成されてきました。

　しかし最近は、ＡＩの活用などを含め、自動化が進みつつあります。

　ただし、システムの導入にあたっては、自社の状況に加え、特急納期対応品の飛び込みなどに、どこまで対応できるかを十分に検討する必要があります。

 進捗管理業務と稼働管理業務のＤＸ化

　実際の製造作業が予定どおりに進んでいるのか、生産設備は正常に稼働しているのかを把握することは、工程管理上、重要なポイントになります。

　何らかの原因により進捗が遅れている場合には、応援の作業者を

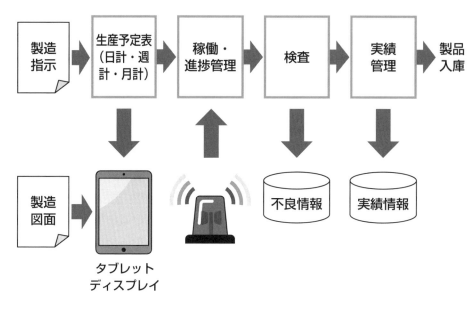

◎工程管理業務のしくみ◎

製造
指示 → 生産予定表
（日計・週
計・月計） → 稼働・
進捗管理 → 検査 → 実績
管理 → 製品
入庫

製造
図面 → タブレット
ディスプレイ

不良情報　実績情報

　送る必要があるかもしれませんし、設備が稼働していない状況であれば、修理や代替処置を行なう必要があります。

　作業進捗を把握するためには、作業日報を作成したり、時間ごとの作業実績表を記入したりして対処することが一般的ですが、作成自体に時間がかかり、作業者の負担となったり、記入モレが生じたりします。

　稼働・進捗状況を自動的に把握して記録することにより、問題の原因特定や効率改善に役立てることができます。

　単純なものでは、製品一つの作業が完了するごとに、ボタン（物理的ボタンやタブレットアプリのボタン）を押してデータを記録することができます。

　また、設備の動きで、作業が把握できるのであれば、動きを自動的に記録することで、進捗と設備稼働状況を知ることができます（ＩoＴ化）。

　古い設備で動作状況のデータを出力できない場合でも、スマホの

加速度センサーを利用して、設備の稼働状況を記録するようなシステムも存在します。

　また、設備の稼働状況を把握するためには、設備の動作停止を知らせるランプからデータ信号を取り出したり、光センサーで検出したりする方法が利用されます。

実績管理業務のＤＸ化

　進捗管理は、工程ごとの作業実績を管理する業務でしたが、実績管理ではその後、検査を終えて、不良品を除いた最終的な製品の実績を管理します。

　実績データの収集については、進捗管理と同様の方法も利用できますが、個々の製品を数えるのではなく、できあがった製品をまとめて把握する方法も用いられます。

　たとえば、製品の重さが一定であれば、できあがった製品をまとめて、データ出力可能な重量計で測り、数量データに変換するなどの工夫が考えられます。

製造図面のデジタル化

　製造の現場では、加工のための図面や組み立てのための図面など、さまざまな図面が利用されます。

　従来は、製造現場で図面を紙で保管して、製造指示に合わせて必要な図面を作業者が利用していましたが、図面をデジタル化して保管し、作業者の手元のタブレットなどで参照することも可能です。

　デジタル化することで、検索性がよくなり、探す手間が省けます。また、汚れたり、破れたりといったこともなくなります。

　現在、多くの図面はＣＡＤやＰＣによって作成されているので、そのまま電子的に保管することで、印刷の手間も省け、印刷モレなどもなくなり、常に最新の図面が参照できるようになります。

　さらに、タブレットを利用すれば、図面だけではなく、完成品の写真や、作業上注意するべき部分の拡大写真などを表示させること

も可能になります。

　作業手順の動画などを作成しておけば、経験の浅い作業者の現場での教育などにも活用できます。

検査業務のＤＸ化

　検査業務のＤＸ化については、２つの観点があります。

　一つは検査自体の自動化という点、もう一つは不良品のデータ化です。

　検査の自動化については、検査項目が寸法、重量、動作特性などで、明確に判別できるものについては、さまざまな治具の活用などにより自動化が進んでいます。

　しかし、外観検査など、人間の主観による検査についてはこれまでは自動化が難しい部分でした。

　最近は、ＡＩの進化により、外観の判定については、画像認識により比較的容易に判定が可能となっています。

　導入のポイントは、ＡＩによる判定は厳しめに行ない、ＡＩが不良としたものを人間が再検査して、良品を戻すような作業とすることです。人間の負荷が下がり、不良を見落とすリスクも低減できるようになります。

　不良品のデータ化は、原因を究明し、不良率を低減するために重要です。

　詳細は３－６項で紹介しますが、不良判定となった理由を、可能な限りデータとして残すことが望まれます。

在庫管理業務のＤＸ化

在庫にもいろいろあるが…

在庫品としては、製造した製品の在庫と、製造のための材料や部品の在庫の両方が考えられます。

また、製品の一部のみを製造した半製品などの在庫も管理の対象となります。ここでは、そのすべてを一括して「在庫」として扱います。

在庫管理業務のＤＸ化の中心は、在庫データを保持するデータベースになります。このデータを適切に維持管理することで、製品の見込み生産指示や購入品の発注手配など、効果的な在庫管理を行なうことができます。

入庫の把握業務のＤＸ化

製品の完成や購入品の納入時に数量を把握し、在庫データに加えます。

製品については、前項で示した実績管理のデータを活用することができます。

外部からの購入品については、納品時にデータを収集します。

部品などについては、包装や梱包箱のバーコードの読み込みなどにより、自動的に在庫データに追加する方法が考えられます。

バーコードのない納品物については、自社でバーコードを印刷した表などを用意して、作業を単純化する工夫が可能です。

引当・払出（出荷）管理業務のＤＸ化

製品の出荷や材料・部品の使用時には、在庫データを減ずる、払出処理が必要となります。入庫の場合と同様に、バーコード等を利

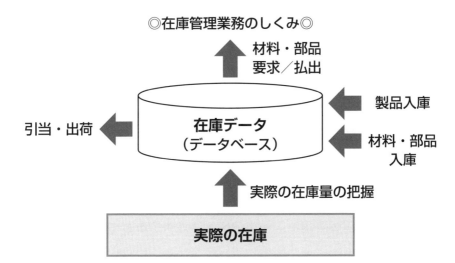

◎在庫管理業務のしくみ◎

材料・部品
要求／払出

在庫データ
（データベース）

製品入庫

引当・出荷

材料・部品
入庫

実際の在庫量の把握

実際の在庫

用してデータの更新を行ないます。

　製品の出荷については、注文から出荷までに日数があることもあります。このような場合には、在庫に対して出荷予約をする「引当」という処理が必要です。

　引当については、データ上のみでの処理となるので、販売管理システムとの連携が望まれます。

在庫量の把握業務のＤＸ化

　入庫と払出の処理が正確に行なわれていれば、在庫データは正しいはずですが、何らかの理由により、データと実際の在庫に差異が生じる可能性があります。

　そのため、実際の在庫数（量）を把握して、在庫データを整合させることが必要になります。

　実際の在庫を自動的に把握する手段としては、重量計測ができるセンサーマットや光センサーによる方法、画像認識による把握などがあります。

　また、在庫品にＲＦＩＤ（無線タグ）を取り付け、離れたところから把握する方法なども利用可能です。

3-5

原価管理業務のＤＸ化

 原価計算の自動化

製品ごとの原価を把握するためには、製造に要した材料・部品の価格、製造作業に要した人件費、機械設備等で使用した電力や燃料などの動力費を把握する必要があります。

在庫管理や工程管理などのデータと連携することで、原価計算を自動化することができます。

 生産実績の把握業務のＤＸ化

製品ごとに、どれだけの数量を生産したのかを把握しますが、工程管理で把握した生産実績データを入力情報として利用します。

検査で不良となった製品は含まれません。

 材料・部品使用実績の把握業務のＤＸ化

材料・部品の使用実績は、在庫管理の払出情報がデータとして利用できますが、同じ材料・部品が複数種類の製品に使用される場合には、ＢＯＭ（部品構成表）のデータにもとづいて、製品ごとの使用量に按分する必要があります。

材料・部品の使用量には不良品となってしまった製品の分も含まれます。

不良品に使用した材料・部品を製品ごとに配賦するためには、製品ごとの不良品の数量情報も必要となりますが、簡易的には製品ごとの不良率によって計算することも可能です。

 作業実績の把握業務のＤＸ化

製品の製造に要した作業時間の実績を把握し、かかった人件費（労

◎原価管理業務のしくみ◎

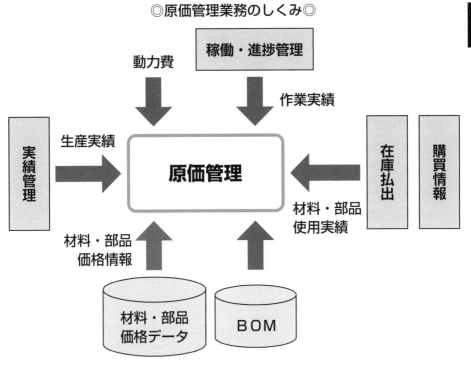

務費）を計算します。

　稼働・進捗管理のデータと連携して使用することができます。

動力費の把握業務のDX化

　動力費は、一般的には、工場全体で使用した電力費や燃料費を、製品ごとの作業実績時間で按分する方法で把握します。

　稼働・進捗管理のデータと連携して使用することができます。

　大型の機械設備など、単独で大量の電力・燃料を消費する場合には、個別の設備ごとに電力計や燃料計を用意し、使用量データを取得します。

　電力計や燃料計のデータを工場内のネットワークを通じで収集（IoT化）することで、データ収集を自動化することが可能です。

3-6

品質管理業務のＤＸ化

品質管理業務の特徴

　品質管理では、不良データを蓄積・分析して、不良率の低減を図ります。

　不良には、出荷前に社内で不具合を発見する場合（以下「社内不良」）と、出荷した後に社外で不具合が見つかる場合（以下「社外不良」）があります。

　品質管理では、どちらの不良についてもデータを収集・蓄積します。

社内不良データのＤＸ化

　製造工程のなかの検査や出荷前の検査などで、不良が見つかった場合には、その不良内容を含めてデータ化して記録します。

　製品や作業内容によっては、工場の環境条件（室温、湿度など）や機械設備の各種動作パラメーターをいっしょに記録します。

　人手によらない自動検査が導入されている場合には、検査機から不良と判定した際のデータが出力できるようにすれば（ＩｏＴ化）、正確なデータを漏れなく記録することが可能です。

　自動検査で不良と判定されても、その後、人手による検査で良品となる場合もあります。

　このようなケースについても、最初に不良と判定された際の情報を収集して分析することで、自動検査機の効率を高めることにつながります。

　一方、人手による検査の場合には、検査要員の手元のタブレット等を利用して、不良検出時にただちにデータ入力できるようにすることで、データの漏れなどが防止できます。

データの分析にあたっては、短期的なデータの変化（不良率の増減、不良原因の変化）に加えて、長期的なデータの変化にも着目して分析します。

短期的な変化では、機械設備の故障や材料・部品の不良などが原因となる可能性があり、長期的な変化では機械設備の老朽化などの原因が考えられます。

継続的にデータ分析を行ない、設計や製造工程の見直しを行なうことで不良率の改善を図ります。

社外不良データのＤＸ化

社外に流出してしまった不良品については、不良の内容等とともに、顧客からのクレーム内容や顧客対応状況についてもデータ化します。

社内不良と同様に、原因分析等を行ないますが、顧客対応状況については、データを社内の他部門（たとえば営業）と共有することで、顧客との対応ノウハウなども蓄積され、顧客満足度を高めるような活用が可能となります。

トレーサビリティの確保

出荷後に、材料や部品に不具合があることが判明した場合に備えて、製品のトレーサビリティを確保する必要があります。

製造シリアル番号によるデータ管理に加え、製品に添付するＲＦＩＤ（無線タグ）などにより電子的なトレーサビリティを付与する場合もあります。

3-7

設備管理業務のＤＸ化

稼働管理業務のＤＸ化

　機械設備の稼働状況を監視・管理することで、設備の故障を未然に防いだり、生産性の改善を行なったりすることができます。

　3－3項で述べた、稼働・進捗管理のデータを連携することで、機械設備の稼働状況を把握して分析できます。

　たとえば、作業中に短時間停止（チョコ停）の発生頻度が高くなっている場合には、その機械に何らかの不具合が発生していることが考えられるため、点検などを行ないます。

　また、同じ機械が複数あり、特定の機械で生産量（生産性）が低くなっている場合は、その機械の故障や設定ミスなどが考えられます。

監視業務のＤＸ化

　稼働中の機械設備の温度や圧力などを監視する場合には、人手（目視等）による監視に代えて、センサーなどにより継続的に監視し（ＩｏＴ化）、異常な変化が発生した場合には、アラームを発して対応を促すことで人手が不要となり、24時間稼働や生産性の向上が可能となります。

　センサーなどが利用できない場合には、機械のメーター表示等をカメラで画像監視して、ＡＩで判定することも可能になっています。

　さらに、モーターなど機械の動作音を監視して、ＡＩで異常を判定するようなシステムも実用化されています。

　稼働監視業務で収集したデータについても、蓄積して前述の稼働管理での分析対象となります。

保守点検のスケジュール管理業務のＤＸ化

　機械設備は、定期的に点検や調整を行なう必要があります。

　スケジュール管理システムを利用して、保守点検のスケジュールを管理することで、点検の漏れを防ぎます。特に測定器類は、定期的に校正を行なわないと、正確な測定ができなくなるので、注意が必要です。

　期間ではなく、機械設備の稼働回数や稼働時間で点検時期が決まる場合には、稼働データを収集して、次の点検時期の予測・決定を行なうことも可能です。

　また、点検中は製造作業に利用できなくなるので、保守点検のスケジュールは、工程管理の生産計画とデータ共有・連携させることで、生産日程を調整したり、代替機を利用したりすることが可能となり、生産が納期に間に合わなくなるリスクを低減することができます。

 ## 設備管理業務のキモはＩｏＴの維持管理

　一昔前と違って設備管理業務には、「ＩｏＴの維持管理」という役割の重大性が増してきました。いまや、現場からくるセンサー情報が、品質・コスト・環境・安全など生産性確保のあらゆる面に寄与している時代です。ＩｏＴ管理ソフトの導入も飛躍的に、簡単に安価に設置できるようになりました。

　自社の現場データをいかにうまく活用できるかが、競争優位性を左右することになります。

3-8

環境管理業務のＤＸ化

 ## 環境管理業務の必要性

製造過程で排出される各種の廃棄物、廃液、排気または、使用する薬剤や危険物については、管理が必要となります。

特に、危険性があるもの、毒性があるものについては、法律等で厳重な管理が義務づけられています。

有害物ではない廃棄物等についても、廃棄量を減らすことで、コスト削減につながりますので、管理をすることは重要になります。

また、労働環境の管理として、作業場の温度・湿度や換気などの管理も必要となります。

 ## 廃棄物、廃液、排気などの管理業務のＤＸ化

廃棄物や廃液、排気などの量については、継続的に計測し、管理します。

継続的な計測のためには、センサー等を活用し、自動的にデータ化することで、管理のための作業コストが抑制でき、継続的な管理が容易になります。

廃棄物置き場に重量センサーを設置したり、廃液タンクに光センサーを設置したりして、ネットワーク経由でデータを収集するなどの工夫で、ＩｏＴ化した計測が可能となります。

 ## 薬剤・危険物管理業務のＤＸ化

有毒な薬剤や危険物については、より厳密な管理が必要となります。

在庫データなどに取り込んで、入庫・使用の際にデータを継続的に更新すると同時に、実際の保管量も継続的に監視し、データとの

差異が生じた場合には、ただちに原因の特定と対策を行ないます。

　保管量の把握方法としては、在庫管理の場合と同様に、重量センサーや光センサー、画像認識による方法などがあります。

労働環境の管理業務のＤＸ化

　製造現場では、金属加工などで高温の材料を取り扱う場合、設備等の排熱により、室温が上昇することがあります。

　適切な労働環境の維持のためには、空調が必須ですが、外気温や作業内容などにより温度は変化するため、継続的に室温データを監視し、対応することが求められます。

　温度センサーのデータと空調を連携させて、室温を一定範囲内に保つなどの対策が考えられます。

　また、溶接や研磨加工により発生する粉塵や、塗料や接着剤から発生するＶＯＣ（揮発性有機化合物）などは、法律で規制されていない規模の場合でも、作業者の安全・健康維持のために、継続的に計測して、管理することが望まれます。

　たとえば、簡易型のセンサーなどを導入して、継続的にデータを収集し、濃度が高くなった場合には、作業を中断したり、換気を行なったりします。

　中長期的には、収集した監視データを分析し、粉塵やＶＯＣの発生を削減するための管理も必要です。

3-9

エネルギー管理業務のＤＸ化

エネルギー管理業務の特徴

　電力や燃料などのエネルギーの管理は、コスト削減という意味と同時に、最近ではCO_2削減の観点からも重要となっています。

　特に、CO_2削減については、ＳＤＧｓの進展に合わせて、サプライチェーン全体での削減をめざし、各企業が、その上流である発注先メーカーに対して、管理・削減を求めることが多くなっています。

　また、人材採用面でも、若い世代が学校でＳＤＧｓ教育を受けているため、CO_2削減に積極的な企業への就職を希望するケースも増えています。

エネルギー使用量把握のＤＸ化

　事業場全体の電力使用量や燃料使用量は、電力会社のメーターや請求書等で把握できますが、コスト削減やCO_2削減につなげるためには、設備ごとなどの細かい単位で使用量を把握し、分析することで、省エネルギー化対策を行なうことが望まれます。

　すべての設備における個別の使用量の把握が困難な場合でも、特に大型の機械設備でエネルギー消費量が大きいものについては、個別に電力計や燃料計を設置し、ネットワークを通じてデータ収集を行なうＩｏＴの活用により、継続的に使用量を把握することができます。

　継続的なデータを分析することにより、使用量が大きくなる条件（生産する製品、気候など）を特定し、省エネルギー化のための対策を立てることが可能となります。

再生可能エネルギー利用のＤＸ化

　ＣＯ₂削減の観点からは、省エネルギーだけではなく、太陽光発電や水素燃料など、再生可能エネルギーの積極的な利用が期待されています。

　再生可能エネルギーの利用にあたっては、単なるコスト削減という視点にとどまらず、実際の発電量や燃料使用量などをデータとして把握します。

　この場合も、発電量のデータなどは、ネットワークを通じて収集することが可能です。収集されたデータから、ＣＯ₂削減量を具体的に計算します。

 ## CO₂削減量のアピール

　省エネルギー化や再生可能エネルギーの利用によるＣＯ₂削減量の情報は、顧客企業を含め、社内外に積極的にアピールすることが重要です。

　これにより、顧客との将来にわたる取引の継続や、よりよい人材の獲得などが期待できます。

3-10

製造業務のＤＸ戦略のまとめ

データ化による製造業務の改善

製造業務は「モノ」を扱う業務です。

しかし、モノをつくり出す過程では、さまざまな情報が生み出され、利用されています。

たとえば、受注数量にはじまり、材料・部品の所要数量、製造図面などの情報があり、また、生産した数量、作業の時間、機械の稼働時間などの情報が現場を飛び交います。

実は、製造業務において、「モノ」と「情報」は常に対をなしているのです。

これらの情報は、従来は紙や人の記憶に頼って取り扱っていました。

しかし、これらをデジタル化・データ化してタイムリーに収集・整理・活用・分析することで、現場の業務の効率化、製品の品質向上、最終的には製品の顧客価値の向上につなげることが可能です。

作業者が漠然と感じている課題もデータ化して分析すれば、明確になる場合があります。あるいは気づいていなかった問題をデータ分析で発見できることもあります。

このような分析をキッカケにして、作業手順や作業工程あるいは製品の設計を見直し、効率化を進めることが期待できます。

データ連携の効果

データは個別の業務ごとに存在しますが、その業務のみで利用するのではなく、前後の作業工程や、場合によっては製造業務以外の業務とも連携させることが可能です。

ＤＸ化を進める場合は、最初は、個別の業務ごとのデータ収集や

活用から始めて、次の段階でデータの連携をめざすことが、全体の効率化につながります。

　データの連携を図ろうとすると、ときには異なる業務の間で、矛盾が生じることもあります。

　実は、そのような場合は、データの連携に合わせて業務を見直すことも全体の効率化のキッカケになり、全社のＤＸ化につながっていきます。

モノとデータの整合を図る

　「モノ」と「データ」が対をなすと前述しましたが、ときには実際のモノの状況とデータがズレてしまう可能性があります。モノの数の数え間違いや不良品の発生、材料・部品の紛失、データ入力ミスなど、原因はさまざま考えられます。

　そのため、モノの状態を常に監視し、データをアップデートする必要があります。

　しかし、人手によるアップデートでは、頻度も精度も限られてしまうので、ＤＸ化を行なう場合には、ＩｏＴを活用して、モノの状態を常時把握し、データをアップデートすることが望まれます。

　本章では、作業の実績管理や機械設備の稼働管理、在庫の数量把握などについてＩｏＴの活用例を示しましたが、データが発生するところでは、すべてＩｏＴ活用による効率化の余地があります。

製造業務のＤＸ化に向けて

　製造業務は、顧客には直接見えない内部の業務ですが、ＤＸ化による生産性向上の可能性が多い業務でもあります。

　製造業務のＤＸ化は、紙業務の廃止および属人化の解消がポイントとなります。価値向上を忘れずにすすめましょう。

ＡＧＶ（無人搬送車）の活用

　「ＡＧＶ」は、Automatic Guided Vehicleの略です。

　材料や部品、製品などを載せて、工場内を無人で移動し、必要な場所に運びます。

　製造工程においては、材料・部品を倉庫から作業場に運んだり、できあがった製品（半製品）を次工程に運んだりという作業が発生します。

　少人数の企業においては、加工・組立を担当する作業者が、これらの運搬作業も担当することが一般的です。

　しかし、運搬作業を行なっている間は、本来の製造作業が止まってしまいます。また、重量物の運搬は、肉体的負荷や安全上のリスクがあります。

　そこで、ＡＧＶを導入して作業の効率化を図ります。

　ＡＧＶには、工場の床に引かれた磁気テープなどのガイドに沿って移動するタイプと、周囲の状況をセンサーで読み取り、自律的に移動するタイプがあります。後者は「ＡＭＲ」（Autonomous Mobile Robot：自律走行搬送ロボット）とも呼ばれます。

　ＡＧＶによる搬送と、製造工程の生産計画や作業実績のデータを連携させることで、さらなる効率化が期待できます。

　ただし、ＡＧＶの導入にあたっては、搬送距離や重量、搬送物の形状などの仕様に加えて、走路上で人との接触を避けるなどの安全面での配慮が必要となります。

　また、走路上にあるドアの開閉との連携、別の階への移動のためのエレベーターとの連携などの考慮も必要です。

購買業務のＤＸ戦略

執筆 ◎ 神谷 俊彦

4-1

購買業務の特徴と課題

 ### 購買業務とは

「**購買**」とは、企業活動に必要なものを外部から購入する業務です。効率的かつ効果的に行なうことで、企業に多大な貢献をします。

購買部門と似たような業務に「資材調達部門」があります。購買と調達を分けている企業もありますが、本書では一緒に扱います。

購買（調達）業務は、企業から出ていくお金のほぼすべてを扱う仕事ですから、企業活動（収益や製品・サービスの生産）に大きな影響を与える重要な業務です。

「**購買品**」とは、企業が外部から調達する製品、原材料、サービス、労働力など、あらゆるものを指します。企業は、購買品が「品質・納期・コスト」（QCD）、その他の要求事項を満たしていることを確認するためのプロセスを定める必要があります。

業務の対象は、大きく分けて「カタログ購買」と「見積購買」があります。業務のミッションは、必要なものを、必要なときに、必要な量を、できるだけ安く買うことです。DX化の目的はミッションの完遂ですが、購買部門はその目的達成のために多くの課題を抱えています。本章ではその課題解決のヒントを解説していきます。

 ### 購買業務の課題とDX化

購買の仕事は、以下のプロセスで構成されます。

①**社内からの依頼**…社内の各部署から購買要求を受け付け、業務が開始される。

②**仕入先の選定**…購買計画にもとづいて、必要な資材を供給できる仕入先を候補として選定する。

③**発注**…「見積依頼→評価（ＱＣＤ確認）→承認→発注」。発注書には資材の種類や数量、納期、価格などの情報を記載。

④**検収**…仕入先から納品された資材を、数量や品質、納期などの点から検査する。

⑤**支払い**…検収を経て仕入先へ代金を支払う。

購買部門では、業務がスムーズにいくことが最重要課題ですが、そのポイントは以下のとおりです。

●**納期厳守。価格厳守。承認の確実な実施**

　→企業との連携、トラブル対応、リスク管理

●**業務の評価。品質確認（製品品質、業務品質、企業評価）**

●**新しい体制の構築（ベンダー開拓、信用調査、価格交渉）**

購買業務は、専門的な知識やスキルを必要とする業務です。担当範囲の商品・サービスの専門知識を有しておくのは当然として、社内の主要メンバーと日頃からコミュニケーションをとり、現場の状況を把握しなければなりません。社外の動向も把握し、関係企業との交渉力やコミュニケーション能力を磨き、情報処理能力やリスク管理能力を身につけることも必要です。

購買部門が期待されているのは次の点であり、ＤＸ化はその期待をまっとうできるシステムでなければなりません。

●**購買品を提供できる能力を持つサプライヤーを選定する**

●**サプライヤーと契約を締結する**

●**サプライヤーを評価する**

その職務の特殊性から、購買部員の日常業務は社内ではあまり知られていないし、関心も持たれていないのが現実ですから、購買業務の問題・課題は業務経験のある人にしか理解されません。したがって、かえって他社の購買部門の人のほうが通じるケースも少なくありません。

このことを理解しておくことが、購買業務のＤＸ化を社内で推進するうえでは重要な前提事項なのです。

案件管理業務のＤＸ化

案件管理とコミュニケーション管理の重要性

　「**案件管理**」は購買部門のメイン業務です。案件管理とは、各部署から依頼を受けてからその依頼を完遂させるまでのプロセス管理をいいます。依頼された案件を指示どおりに、必要な部門に届ける業務を的確に行ないます。

　案件管理のためには、いろいろな既製の専用ソフトがあるので、ある意味ＤＸ化がやりやすい業務です。部門内で多くの時間を割いている分、ＤＸ導入による生産性向上の効果も大きいです。基本的機能には、営業における受注管理機能と類似性が多くあります。

```
┌──────────── 見積購買の一般的業務フロー ────────────┐
│ 現場からの購入依頼⇒協力会社への見積依頼（相見積を含む）│
│ ⇒見積の妥当性チェック⇒上長承認⇒発注⇒発注請書⇒納入⇒│
│ 検収⇒請求書受取り⇒上長承認⇒支払い承認          │
└──────────────────────────────────────────┘
```

　業務としては、契約した以降も手直し業務が発生して、想像を超える負荷増があります。そういった変更対応は、納期遅れ・作業ミスにつながるため、変更に対応できるＤＸ化は必須事項です。そのためにさまざまな工夫が実施されています。

購買ＤＸの構造

　購買業務に必要な機能は、大きく分けて次の３つです。
- ●購買データベースの構築
- ●業務フローの自動化
- ●コミュニケーションツールの構築

　上記の３項目は、他の業務ＤＸでも変わりはありませんが、購買

部門特有のポイントがあるため、本章で順次解説していきます。

購買業務におけるDX化の神髄は、「**データベース・マネジメント**」であり、個々のデータをワンクリックで見積依頼・発注できることをめざします。

仕様のあいまいさやミスを少なくして、業務フローの自動化とデータベースを組み合わせることで、正確でかつ効率的な購買業務が実現します。

また、電子化が進んだことにより、要求仕様に動画や静止画を組み込むことが簡単になりました。過去に一度でも購入したものをデータベース化しておくと、あいまいさが低減され、業務の質の向上にも寄与します。

 ## コミュニケーションツールのいろいろ

コミュニケーションツールとは、意思や情報の伝達に利用できるツールのことです。企業では、社内・社外との意思伝達、情報や知識・ノウハウの共有などを円滑に行なう目的で使用されています。

従来は、電話やメールが主流でしたが、働き方の多様化や社会情勢などの影響により、コミュニケーションツールが一気に浸透しました。

代表的なツールをあげておくと、以下のとおりです。

- 「Microsoft 365」（Microsoftが提供）
- 「Google Workspace」（Googleが提供）
- 「kintone」

ソフトウェア市場には、いろいろなソフトウェアが販売されています。たとえば、Word、Excel、PowerPointなどの従来のOffice向けアプリのほかにも、Dropbox、メールソフト、Zoom、カレンダー、会議予約などのクラウドベースのアプリがありますし、それらにはサービス機能も含まれています。

発注管理業務のＤＸ化

発注管理とは

「**発注管理**」は、前項の案件管理と似たような業務内容ですが、ここでは「**外部企業への発注から支払いまでをリアルタイムで管理**」することに対象を絞ります。つまり、案件管理のなかでも受発注業務を確実に実行するための機能が対象です。

発注管理では、社内から依頼された案件業務の流れを監視し、問題があれば早期に発見して対策を講じる必要があります。ポイントとなるのは「**予実管理**」（予定と実績の管理）で、プロジェクト管理的な取り組みになります。

発注管理ＤＸ化の取り組み

まず、業務フローを明確にして管理システムを構築します。そして、シームレスなシステム設計（承認→発注→納品→支払い）における見積依頼、発注契約書、支払指示書はフォーマット化して保存できるようにします。

また、依頼された案件はカタログ化して保存し、発注価格も事前に契約（型式価格）などして、あらかじめ決定しておきます。こうして「**依頼があればワンクリックで発注する**」ことを発注管理ＤＸ化の理想形とします。

発注項目をマスターデータとして一元管理し、発注のワークフローを固め（承認ワークフローを含む）、案件の進行状況をリアルタイムで把握して、履歴管理をデータベースに残します。

発注管理ＤＸ化の注意点

基本的な業務管理システムは、既製品のアプリソフトやＥＲＰの

購買業務機能に含まれているので、それをベースにするのは容易です。ただし、問題は**例外処置が多い**ことです。

例外処置の対処法については、本書においても各業務で解説していますが、例外処置とは、発注する前に納品される、前払いや分割払いを要求される、追加請求がある、発注後の価格がダウンする、などのルールどおりに運ばないケースが多発するということです。

例外処置は、購買の宿命といえるものなので、ソフトウェアを硬直的に固めてしまうと、仕事にならないシステムができあがります。これを解決するカギは、依頼番号のもとにすべての業務を紐づけることです。「支払いだけは発注番号がないと許可しない」等と最低限の決め事だけを業務フローの制限とするなどの柔軟さが必要です。

発注管理のポイントは予実管理！

購買コストの削減と購買業務の効率化をめざすうえで欠かせないのが「**資材購買の効率化**」です。

多くの購買業務は、①製品に必要な資材購買、②製品には直接かかわりのない副資材購買、③設備・工事などの見積購買があります。

特に、①と②は発注点数が多いため、大きな負荷がかかります。社外から一般的に調達できるものは、社外システムとリンクを張ることが一般的です。自社特有のものは、購買のデータベース上に「カタログ購買」化します。できる限りワンクリックで発注し、確実に購買業務を完遂させることを目標としましょう。

また、担当業務の途中経過を確実に管理するには、「予実管理」の機能が必要です。発注時に仕様・価格・納期などの予定を決めておき、遂行プロセスを監視します。

「納期の回答は来ているのか？」「納品はいつまでに終わらせるのか？」「請求書は届いているのか？」「支払いは終了したのか？」「発注品の評価は済んでいるのか？」などが一目で監視できないと確実な業務遂行にはつながりません。また、実績記録も目標に対しての評価をしておき、次の機会の改善につなげます。

4-4

外注管理業務のＤＸ化

 ### 購買部門と外注の関係

　外注取引は、決して購買部門だけが実行するものではありません。部品製作を外注するような事例だけでなく、たとえば清掃業務のような外注委託契約もありますし、アウトソーシングのような形態も外注対象となります。

　これらも広い意味での購買行動とはいえ、必ずしも購買部門の業務とはなっていません。しかし、企業としての購買行為としては重要な業務です。したがって、購買部門が関与できる部分は決して小さくありません。

　客観的にみれば、外注管理は見積購買と類似点が多いので、業務フローも同様と考えて間違いありません。既存のアプリケーションソフトも使えるはずです。したがって外注管理は、業務フローの点では通常の購買活動と位置づけ、ＤＸ化するためのカギとして中心的な役割を果たす「ＥＤＩ取引」について解説することとします。

 ### ＥＤＩ取引のしくみと注意点

　ＥＤＩ取引とは、企業間や工場、物流センター間でやり取りされる取引データ（受発注や支払い）を、通信回線を経由して電子データの形で送受信するしくみのことです。取引をデジタル化して業務の効率化を図るものです。

　見積購買や外注取引の重要な部分は、見積仕様の明確化と取引契約書の作成です。多くの場合、その発注行為は仕様書や契約書にもとづいて実行されます。従来は、仕様書や契約書は取引の概要を記した基本契約書がつくられ、発注行為は契約にもとづく詳細仕様で行なうことが一般的でした。それをＤＸ化によって効率化させるカ

ギがEDI取引というわけです。

　EDI取引は、すでに長い歴史があり、多くの企業で実用化されています。一般的には「**標準EDI**」の規格があり、取引規約や運用ルール、フォーマット、データ形式、識別コードなどのルールが標準化されています。それに対応するEDIシステムを介して、取引先のシステムへデータを送信します。

　代表的な標準EDIには、中小企業間取引に標準化された「**中小企業共通EDI**」や流通業者の取引用に標準化された「流通BMS」、商取引情報を振込等に添付送信する「全銀EDI」などがあります。すでに多くの企業が採用して生産性向上の効果を上げています。ただし、こうした取引標準化の努力が何十年と行なわれてきている一方で、目的が完全に達成されたとはいえないのも現実です。それだけ標準化は難しいのです。

　EDIにおいては、紙ベースでは書けなかった取引情報を組み込むことができます。基本データと詳細データの差異、追加や手直しの時期や内容、過去の価格実績など、電子データだから可能となる使い方もできます。

　したがって、企業が本システムを導入するためには、自社の取引内容を吟味したうえでEDI効果を理解して、対応EDI規格を確認しておく必要があります。

　また、純粋な取引の中身だけではなく、通信方法やデータ形式などのルールを決めることも必要なので、「**ITベンダー**」（NTTデータ、日立システムズ、富士通、NECなど）または「**EDI専業事業者**」（SCSK、NTTコムウェア、マネーフォワードなど）に相談して、導入支援や運用のサポートを受けることが一般的です。

　サービスを提供する事業者は数多く存在しますが、自社のニーズに合った機能やサービスを提供している事業者を選ぶことになります。

　EDI取引は、1社に対してルールを決めると、他の企業にも応用できることも魅力の一つです。

4-5

仕入協力管理業務のＤＸ化

 電子商取引への対応

　仕入先企業との取引のためのＤＸ化は、前項までの発注業務など
で解説した内容（業務フローの自動化とデータベースの構築）に包
含できます。

　ここでの重要ポイントは「ＥＣ」（Electronic Commerce）や「Ｅ
コマース」と呼ばれる「**電子商取引**」（インターネットやコンピュ
ータ上での電子的な手段によって、商品の売買やサービスなどの取
引を行なうこと）の浸透に対応する点です。

　近年、電子商取引は世界各国に急速に波及しており、購買におい
ても大きなテーマの一つです。

　ＥＣの取引形態は広く、「B to B」「B to C」「D to C」「C to C」
などがあります。これらの違いは、売り手と買い手において、企業
か消費者かなどの組み合わせにあります。本書における対象は「B to
B」です。

　ただし、インターネット上での電子商取引は、誰でも参加できる
ために取引形態の違いに垣根がなくなってきました。そうした拡大
に伴って、メリットだけでなくリスクも明らかとなってきており、
新法の制定や既存法の改正等により、取引ルール等の整備が図られ
ています。経済産業省も電子商取引の一層の促進を図るための取組
みを行なっています。

　購買部門としても、これだけ便利になってきているので、企業が
必要とする全備品を購買部門が担当とするのがいいのか悪いのか、
あるいは逆にすでに社員が自由に購入してしまうことを認めるのか
どうかを見直す必要が出ています。一定のルールづくりを購買部門
が主導することも、ＤＸ化の課題といえます。

購買部門が機能として利用していきたいのは、在庫管理とそれに連動した受発注管理システムの導入です。購買部門の在庫管理システムは、全体最適を目的としてさまざまな形態が考えられます。たとえば、全社で管理する備品類は購買部門で一括することが多いようです。また、在庫管理ソフトには、自動受発注システム機能を付加することが珍しくありません。在庫量から自動的に受発注できれば生産性を上げることができます。

仕入協力会社管理のＤＸ化

サプライヤー（外注先、仕入先、協力会社）の評価を購買部門が担っているケースが多くあります。ＩＳＯでもそのためのガイドラインが出ています。具体的には、サプライヤーとの交流実績を管理し、評価するシステムを構築するということです。この評価は、購買データベースの管理項目とすることになります。

企業評価のなかでも、購買部門が関係する取引先の「信用リスク」評価は重要です。具体的には、取引先が倒産して債権全額が回収できなくなって、損失を出してしまうことや、取引先が突然廃業して、商品の材料が手に入らなくなる、といったリスクを避けるという機能が必要になります。

購買部門は、新規取引においては必ず信用調査を行ないますが、定期的にもその信用度を確認しなければなりません。このような機能は、総合して「**与信管理**」機能と呼びます。

そこで、自社の関係する企業を対象に、社内に与信管理機能を構築する必要があります。その関連項目を設け、過去の実績を取り込んで与信評価システムとします。ただし、全企業・全項目を対象にして定期的に評価を実行するのは不可能です。

外部専門システム（たとえば大手なら帝国データバンクなど）と連携することで実効性を担保します。外部専門システムは何社も存在します。契約内容によって直接、システムを連携させることもできますし、定期的に報告をあげてもらうなどの選択肢もあります。

4-6

品質管理業務のＤＸ化

 トレーサビリティ業務と品質クレームへの対応

　品質管理業務のＤＸ化の対象は、企業内の広範囲に及びます。製品品質や部品レベルの検査は技術解析が必要なので、製造部門・研究開発部門の役割とする企業が多いのですが、トレーサビリティ業務と品質トラブルへの対応面は、購買部門が関わることになります。

　サプライチェーン全体の監視も重要項目ですが、本項では上記２項目について解説することとします。

　まず、「**トレーサビリティ**」とは、追跡可能ということを意味しており、品質管理業務としては当然なければならないものです。

　品質やサービスの欠陥発生に対して、どの部分に原因があったのか、部品レベルの詳細性能にまでさかのぼる能力を有するかどうかがカギとなります。

　品質に対するクレームは、部品レベルから消費までの過程のどの段階でくるかわかりません。それでも企業としては、クレームの事象発生から問題解決までに多くの労力をかけている業務なので、ＤＸ化による業務効率向上のメリットは大きいです。

　技術的には「**ブロックチェーン技術**」の活用が注目されており、すでに実用化が始まっています。

 ブロックチェーン技術とは

　製品は製造番号ごとに管理されますが、いつどこでつくられた部品を使って、自社のどの工場でいつだれが生産に関与し、いつ出荷されて、いつどこでどの消費者に手渡されたのかを分散処理して記録をするというのが「ブロックチェーン技術」です。

　購買部門としては、技術解析をして対策を行なうよりも、対策案

を入手して保存しておき、自部門に関係する仕入業者・外注業者の
データとすることになります。ブロックチェーン技術の存在抜きに
は実現しないシステムです。

　品質トラブルを処理する際にも、必要とあれば購買担当者が外注
先の工場まで出向き、代替品の生産確認や改善指導まで行なうこと
もあります。

　これは品質管理業務とは異なりますが、原価改善や品質改善でも
同様の行動をするわけですから、残さなければならないデータはデ
ジタル化しないと管理できるものではありません。

いまの品質管理はＤＸの技術を武器にして高度化

　品質管理業務は、ＩＳＯで定義するサプライヤーの選定をしっか
りと行なうことで、品質トラブル発生の原因を元から断つという考
え方もでてきます。

　現在の品質管理の流れは、かつてのようなＱＣ活動や品質マニュ
アルにもとづくアナログ的な業務体系に依存するだけではなく、ロ
ボットやＡＩ機能を搭載した検査機器などのデジタル化された武器
によって、高度なデータにもとづく保証方法が求められています。

　また、チャットＧＰＴを活用して原因を分析し、対策を考案する
など、プロセス改革の新たなトレンドも出現しています。

　サプライヤーの業務改革を評価するために、購買データベースに
は対象企業のＤＸ化の浸透度合を含めることになります。こうした
データを使って改善を促すのも購買部門のタスクです。

　企業は、サプライヤーを評価する必要があります。評価を通じて、
サプライヤーのパフォーマンスを把握し、必要に応じて改善を促す
ことができます。

　現場でのデジタル活用ができる人材育成のためのデータとして、
活用することも想定できます。

4-7

ＳＣＭ管理業務のＤＸ化

 サプライチェーンと購買部門の役割

　「ＳＣＭ」とは、Supply Chain Management（サプライチェーン・マネジメント）の略で、ＳＣＭ管理業務とは、文字どおりサプライチェーンの維持管理に寄与する業務です。

　サプライチェーンの実態把握は、自社の製品やサービスの製造・販売に必要な原材料や部品、資材などの調達から、製造・加工、物流、販売までのすべてのプロセスを把握することになります。

　サプライチェーンの実態を把握する目的は、主にリスク対策とコスト削減です。いまは一つの製品やサービスを提供するために、さまざまな企業が関係しているので、年々複雑さを増しています。

　したがって、いろいろな落とし穴が生じており、たとえば、地方のたった一つの部品工場が停止しただけで世界市場が混乱するという事例も発生しています。

　購買部門としては、無視できない事例が多発しているわけですが、一方で、リスクばかりだけではなく、サプライチェーンをうまくコントロールすると競合他社に対する優位性が確保できることにもなります。

 サプライチェーン監視のＤＸ化

　リスクの早期発見・予防をするためには、リスクアセスメントを実施してリスクの評価を行ないます。たとえば、原材料の調達価格の急激な上昇や、自然災害による物流の混乱などのリスクを把握することで、リスクへの対応を早めに準備することができます。

　サプライチェーン全体を把握することは、効率化を"見える化"してコスト削減につなげることも可能になります。

　「サプライチェーン監視のＤＸ化」というのは、サプライチェーンの可視化と、全社で情報共有を図ることです。具体的には、**マップを作成する**ことです。

　マップといっても地図を貼り付けるわけではなく、リアルタイムに全体像を把握できるマップです。サプライチェーンマップには、サプライヤー、物流業者、製品やサービス情報の流れなどを記載します。これらを共有することで、リスクの分析や改善提案を引き出してくるのです。

サプライチェーンマップで可視化を！

　電子化するためには、まずはホワイトボードやスプレッドシートを使用して描画します。完全なものがすぐにつくれないのであれば、部分の描画から始めてもいいです。その情報にもとづいてデータベースを作成することが重要です。

　デジタル化の根本は、「**データベース**」**の作成**です。有効なデータベースをつくれば、可視化するソフトウェアは自社製の手づくりでも、既製品を応用することでも、安価に実現することができます。

　たとえばレストランなら、サプライチェーンマップを使用して、食材の調達、調理、提供までのプロセスを可視化します。これによって、食材のロスや調理の遅延などの問題を解決し、顧客満足度を向上させることができます。

　データを可視化して共有することの効果は、計りしれません。

　社内の会話を生み、アイデアを生み出し、他企業とのコミュニケーションも進みます。

　特に中小企業は、上流工程や下流工程を気にせずに操業していることが多いのですが、ここで紹介したマップの作成をきっかけにすれば、サプライヤーとも情報や課題を共有しやすくなります。

4-8

購買業務のＤＸ戦略のまとめ

購買ＤＸを完成させるには

この章では、購買業務のＤＸ戦略について、さまざまな観点から
みてきましたが、購買ＤＸを完成させるには次の３つの機能を備え
ておく必要があります。

案件管理　　**発注管理**　　**コミュニケーションツール**

そして、これらの核となるのは「データベースマネジメント」で
す。

購買ＤＸの目的やメリットは、いろいろと考えられますが、とも
かく業務を正確にスムーズに完了させることに重点を置きます。購
買業務は、ここまで説明してきたように、企業にとって競争力の源
泉となっているにもかかわらず、その複雑性・専門性からＤＸ化が
難しい業務といえます。

そのため、多くの人に理解してもらい、コミュニケーションをと
れるシステム構築が必要になるわけです。

購買部門のＤＸ化

ＩＳＯ9000では、購買部門の役割と責任を明確に規定しています。
その要求事項を実現することが、購買業務に期待されています。

そして、購買部門のＤＸ化で有効な手段として、**ＥＲＰの導入**が
推奨されています。結局、購買部門のＤＸというのは、全社的なシ
ステムと連携しなければ、最大の効果を発揮できない宿命がありま
す。企業内のお金の流れはすべて、購買部門につながっているため
に、社内の全部門とシームレスな情報連携が必要になるわけです。

　さらにいえば、会社というのは外部の企業とも連携しているわけですから、最初から全体最適を狙ってDX化を構築することが大切です。

　現実には、費用対効果の問題もあって、一気に投資できない事情もあると思いますが、全社における購買部門の位置づけを明確にして、段階的でもよいからシステム構築を進めることが肝要です。

　たとえばERPは、受注管理・顧客管理・財務会計などの業務管理機能を一元化したシステムを提供します。現在のERPにおいては、多くの製品が購買機能を備えています。全社のDX化の流れに沿った形で、必要な機能を安価でスピーディに備えることができるのはERPの魅力です。

　購買部門が全社の売上げや利益を管理するためには、商品管理をベースにした生産情報、関係企業情報などの経営に関する情報をサポートします。全社連携が前提ではあるものの、カスタマイズ開発も許容していきます。

既製品の組み合わせで安価に素早くシステム構築

　「**グループウェア**」は、ERPでは実現しにくいカスタマイズした管理アプリをつくることができるシステムです。テンプレートを組み合わせてWebフォームで受発注情報を登録し、ワンクリックで帳簿への出力が可能となります。販売状況のレポートもリアルタイムで集計でき、受注管理を効率化します。モバイルアプリを提供し、スマホからも見やすく使いやすいシステムです。

　グループウェアは、業務遂行のためのツールです。なかでもコミュニケーションツールとしてのグループウェアは武器となります。

　購買部門には、業務をしっかりと管理する義務があるとともに、企業の全部門とのコミュニケーションが必要となります。費用の面を考えなければ、「ERP」と「グループウェア」を補完的に採用することも考えられます。

「価格妥当性」評価のＤＸ化

　たとえば、設備工事の見積りを評価しようとしても、高いのか安いのか判断がつかないことがよく起こります。

　そこで、世間相場というのが不明確なために、「予算内であればいいかな」といった程度で承認することになります。しかし、購買業務の担当たる者としては、できる限り根拠をもって価格交渉に臨みたいものです。

　サプライヤーは、見積積算専用ソフトを使って見積書を作成します。そのソフトは一般的に、部材の量に単価を掛けたものと、人工数をもとにして人件費を出し、「資材費＋人件費＋諸経費」を合算して見積ります。

　これを「ユニットレイト（単価積算）方式」といいますが、部材の価格や工数にはマージンが加算されているので、サプライヤーからすれば適正価格ということで、値引き交渉には簡単には応じてもらえないものです。

　購買担当者としては、「価格妥当性＝適正価格」と判断したいわけです。しかし世の中には、「適正価格」というものは存在しないのです。

　現実には、売る側も買う側も納得して商談するので、「納得価格」で妥結しています。両者が納得できるには、データをより多く持っているほうが有利になるので、通常は売る側に押し切られる形になるということです。

　優秀なバイヤーは、根拠となるデータを多く持ち、相場観・値ごろ感をもって交渉に臨みます。購買データベースに経験を蓄積することで、売る側と買う側の両社が納得できる価格交渉ができるのです。

研究開発業務の
ＤＸ戦略

執筆 ◎ 新井 一成

5-1

研究開発・技術開発業務の全体像

 研究開発・技術開発業務とは

　本章では、新技術や新アイデアを実用化して、製品として販売し、事業として成立させるまでの各業務を取り扱います。

　本章で取り扱う、研究開発・技術開発業務の全体像を次ページの図に示しておきました。

　本章で取り上げる各業務の特徴は、以下のとおりです。

 研究業務の特徴

　「研究業務」には大きく分けて、基礎研究と実用化研究があります。

　「基礎研究」は、必ずしも具体的な製品化や事業化を目標とせずに、新しい知識を得るために行なわれるものです。

　「実用化研究」は、具体的な製品化をめざし、そのための課題解決を図る活動になります。

　中小企業では、基礎研究については、外部の研究機関との連携で行なわれる場合が多くなります。

 製品企画業務の特徴

　「製品企画業務」では、顧客や市場の「ニーズ」と研究等の成果である「シーズ」とを合わせて、事業化するための製品（サービス製品を含む）を企画します。

　具体的な製品をつくるための製品要求仕様を作成することになりますが、その前の段階で、製品のコンセプトが市場に受け入れられるかどうかを確認するための市場テストであるＰｏＣ（Proof of Concept。次項および160ページ参照）を実施する場合もあります。

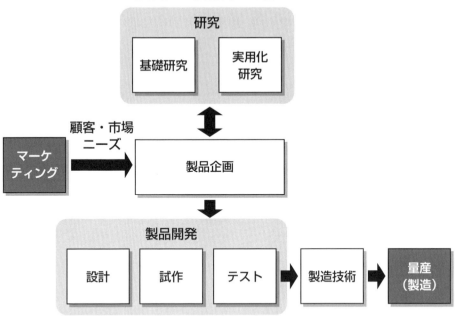

◎研究開発・技術開発業務の全体像◎

研究
- 基礎研究
- 実用化研究

顧客・市場ニーズ

マーケティング → 製品企画

製品開発
- 設計
- 試作
- テスト → 製造技術 → 量産（製造）

製品開発業務の特徴

「製品開発業務」では、企画された製品要求仕様をもとに、実際に顧客に提供可能な製品として製造できるようにするための一連の業務を行ないます。

具体的には、製品のハードウェアやソフトウェアの設計業務があります。その次の段階として、仕様どおりに設計できているかを確認するための、試作、テストの各業務があります。

実際の製造現場で生産を行なうためには、製造用の各種図面や文書を作成したり、製造用設備の動作プログラミングを行なったりする、製造技術の業務があります。

本章では、形のあるハードウェア製品の製品開発業務と、形のないソフトウェア・サービス製品の製品開発業務の、それぞれのＤＸ化について解説します。

5-2

製品企画業務のＤＸ化

 ニーズとシーズの統合

　製品企画は、製品開発のための最上流工程であり、顧客や市場の「ニーズ」と、研究成果などを含む自社の持つ「シーズ」を合わせて、具体的な製品の要求仕様をまとめます。

　ニーズの把握のためには、市場データや顧客へのアンケート調査などを利用しますが、自社の既存製品がＩｏＴ化されていれば、顧客がどのように製品を利用しているか、生のデータを収集することも可能です。

　調査・収集したデータの分析には、各種統計分析ツールなどの活用が可能ですが、最近ではＡＩの活用により、いままでにない視点からの分析結果などが得られるようになります。

　研究によって、新たな技術が生み出されても、それが市場のニーズと結びつかなければ、事業としては成立しません。

　技術の革新を踏まえたうえで、それを市場や顧客のニーズと結びつけ、ビジネスイノベーションに変える考え方は、「ＭＯＴ」（Management of Technology：技術経営）と呼ばれます。

　特に、進歩の早いデジタル技術を利用して、ビジネスイノベーションを起こすことは、広い意味でＤＸそのものであり、製品企画の重要な役割です。

 アイデアの創出

　製品企画の段階では、さまざまなアイデアを生み出し、検討を重ねる作業が繰り返されます。

　そのため、アイデアを書きためたり、発展させたりするためのデジタルツールの活用が有効になります。たとえば、アイデアを整理

するための「マインドマップ作成ツール」などがあります。

また、複数人でアイデアを生み出す場合には、手軽なコミュニケーションツールとして「チャットツール」などが有効です。未完成のアイデアをメンバーで共有することも必要となるため、グループウェアなどを活用します。

最近では、対話型の「生成ＡＩ」を利用することで、ひとりで考える場合でも、ＡＩを相手に意見交換型の思考を進めることが可能になりつつあります。

製品要求仕様設計と仕様書の作成

製品企画業務では、最終的には、製品要求仕様の形で具体的な製品に必要な要件を整理します。

その際に作成する「**製品要求仕様書**」は、製品開発の起点となる文書なので、製品開発業務と共通の文書管理システムで管理し、共有することが有効です。

ＰｏＣの活用

製品化を行なう前のアイデアの段階で、市場や顧客のニーズにマッチすることを確認するために、「ＰｏＣ」を行なう場合があります。

ＰｏＣでは、既成の製品を改造するなどして試作したサンプル品を、顧客に利用させて、有用性を確認します。

サンプル品をＩｏＴ化して、顧客の利用状況データをネットワーク経由で収集すれば、直接、有用なデータを得ることができます。

たとえば、顧客の利用目的を収集するだけでも、製品の利用状況について貴重なデータとなります。

5-3

製品開発業務のＤＸ化①
～ハードウェアを含む製品開発～

 ### ハードウェア製品の製品開発業務とは

　本項では、ハードウェア製品の製品開発業務について取り扱います。

　現在では、ハードウェア製品でも、ソフトウェアを内蔵していることが一般的です。そのため、ハードウェアとソフトウェアを並行して開発する必要があります。

　製品開発業務では、製品要求仕様によって与えられた要件を実現するように設計を行ないますが、非常に簡単な製品以外は、一般的に製品をいくつかの部分（モジュール）に分けて、複数の設計者が分担して設計を行ない、テストの段階などで一つの製品にまとめあげられていきます。

　たとえば、ハードウェアとソフトウェアの設計は、分担して行なわれることが多くなります。また、設計とテストを別の人間が分担することも一般的です。

　そのため、製品開発業務はチームによるプロジェクト体制で実施されることが一般的です。

 ### プロジェクト管理業務のＤＸ化

　複数のメンバーで、複数のモジュールの開発作業を効率よく進めるためには、「**プロジェクト管理ツール**」の利用が有効です。

　モジュール間には依存関係があり、一つのモジュールの進捗が遅れると、別のモジュールのテストができないなどの影響が出る場合があります。

　特に、ハードウェアを動作させるために、ソフトウェアが必須になるようなケースでは、ソフトウェアの進捗がボトルネックになる

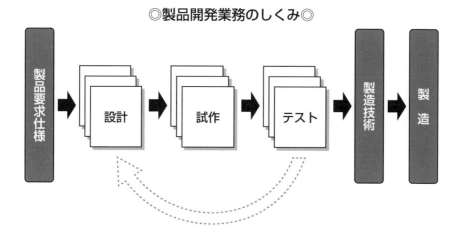

◎製品開発業務のしくみ◎

製品要求仕様 → 設計 → 試作 → テスト → 製造技術 → 製造

 こともあります。

　早い段階でハードウェアを動作させる必要がある場合には、テスト専用のソフトウェアを先に用意することもあります。

　プロジェクト管理ツールでは、①**スケジュール管理**（タスクの依存関係を取り扱えることが望ましい）、②**ファイル共有**（モジュール間インターフェース仕様や打合せ議事録の共有など）、③**メンバー内のコミュニケーション**（チャットなど）が行なえることが重要になります。

　これらは汎用のグループウェアでも提供されている機能なので、導入済みのグループウェアがあれば、その利用も検討するとよいでしょう。

 設計業務のDX化

　ハードウェアの設計については、従来からデジタル化が進んでいる分野です。

　小規模な設計を除き「ＣＡＤ」（Computer Aided Design）を利用し、一部は自動設計することが一般的になっています。

　メカニカルな設計においては「３次元ＣＡＤ」の利用が進んでおり、特に３Ｄプリンタを使用して試作・製造する場合には、３次元

ＣＡＤの利用が必須になります。

　また、特に大規模なデジタル回路を「ＦＰＧＡ」などの「ＬＳＩ」
として実装する場合には、ＣＡＤによる設計やシミュレーションが
必須となっています。

- ●ＦＰＧＡ（Field Programable Gate Array）：プログラム可
  能なＬＳＩ。内蔵する回路を電気的に変更することが可能な
  集積回路のこと。
- ●ＬＳＩ（Large Scale Integrated circuit）：大規模集積回路。
  多数のデジタル回路を一つの半導体チップとして集積したも
  のをいう。

　一方、ソフトウェアの設計については、人手によって設計する部
分が多く残っていますが、最近では生成ＡＩを利用したソフトウェ
アの自動設計が可能となりつつあり、今後の活用が期待されていま
す。

　なお、ソフトウェア設計のための専用ツール類については、次項
で解説します。

試作・テスト業務のＤＸ化

　「試作」には、いくつかのレベルがあります。

　前項で説明したＰｏＣのために、既製品の改造等により用意する
いわば「バラックセット」のような試作は、製品開発の前段階で行
なわれます。

　製品開発の段階では、正しく設計されているかどうかを「テスト
するための試作」と、製品を量産した場合に問題が生じないかを確
認する「量産試作」があります。

　テストのための試作では、別々に設計されたモジュールごとに試
作し、それぞれ単体テストを行なった後に、モジュール同士をつな

ぎ合わせて「結合テスト」を行ないます。ソフトウェアを含む製品では、結合テスト段階で、ソフトウェアが組み込まれることになります。

その後、全体として組み上がった試作品を、外部の機器につないだり、実際の使用環境に置いたりして、システムテストが行なわれます。

テストの段階で、実際には、さまざまな設計上の不具合が検出されることになります。不具合が見つかった場合には、設計段階に戻って修正を行ない、場合によっては、試作品にも修正を加えて、テストを続行します。

テストは、製品要求仕様からはじまり、各段階の設計要件に沿った「テストシナリオ」を準備して行ないます。

テストシナリオの実施状況を管理する「**テスト管理ツール**」の導入により、テストの網羅性を担保すると同時に進捗管理を行なうことができます。

また、テスト自体のＤＸ化も重要です。

ソフトウェア製品のテストについては次項で取り扱いますが、ハードウェア製品についても、各種測定器等がデジタル化され、ネットワーク経由で制御やデータ収集が可能なので、テストの自動化を進めることができます。

さまざまな条件設定によるテストを繰り返す場合には、自動化が特に有効になります。

5-4

製品開発業務のＤＸ化②
～ソフトウェア製品開発～

ソフトウェア製品開発の特徴

　本項では、ハードウェアを伴わないソフトウェア製品の製品開発業務を取り扱います。

　ソフトウェア製品の開発には、一般的に「試作」の段階がなく、また後工程の「製造」もなく、開発完了でテストに合格すれば、製品としての出荷ができるという特徴があります。

　ソフトウェア製品の開発業務は、それ自体がデジタル化されていますが、属人的なスキルやノウハウに依存している部分も多く、実はＤＸ化が進んでいない業務分野でもあります。

プロジェクト管理業務のＤＸ化

　ソフトウェア開発においても、複数の部分（モジュール）に分けて分担するプロジェクト体制での設計が一般的です。さらに、ソフトウェア開発は、ハードウェアのような物理的な制約がないため、リモートワークにより、人が集まらずに業務が行なえます。

　そこで、プロジェクト管理システムには、離れたメンバー同士のコミュニケーションを円滑にする機能も求められます（たとえば、使いやすいチャット機能や掲示板機能など）。

設計業務のＤＸ化

　ソフトウェアの設計は、①**基本設計**（モジュールごとの外部仕様を設計）、②**詳細設計**（モジュールの内部動作を設計）、③**コーディング**（実際に動作するソフトウェアコードを作成）の３段階に分かれます。

　それぞれ、前段階で作成されたドキュメントにもとづいて設計す

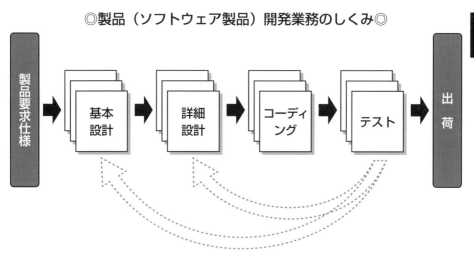

◎製品（ソフトウェア製品）開発業務のしくみ◎

るので、常に最新のドキュメントを共有できる「**ドキュメント管理ツール**」が重要です。

　コーディングの段階の設計ツールには、さまざまな専用ツールがありますが、使用するプラットフォームやフレームワークに応じて選択されます。プロジェクト体制の構築時にツールを含めて全体が決定されます。

　なお、ソースコードの管理には、モジュール間の相互依存性情報や変更履歴を含む、専用の「**ソースコード管理ツール**」が利用されます。

テスト業務のDX化

　ソフトウェアのテストでは、多くの不具合（バグ）が検出されるため、「**テスト管理ツール**」ではバグ検出数や修正数を集計してグラフ（バグ収束曲線）を作成する機能などが利用されます。

　また、一つのバグの修正により、他に別のバグが生じていないことを確認するために、全体を通したテスト（リグレッションテスト）を繰り返す必要があり、このテストを自動化するツールの利用が有効です。

5-5

製造技術業務のＤＸ化

 製造作業のための文書・図面のＤＸ化

　設計された製品を実際に工場で製造する場合には、製造作業のためのさまざまな文書や図面、「ＮＣ工作機」のためのプログラム、そして生産管理のためのＢＯＭ（部品構成表）などが必要となります。

　製造技術業務は、これらの製造にかかわる詳細の設計を行ないます。

> ●**ＮＣ工作機**（Numerical Control 工作機）：プログラミングによりあらかじめ設定した動作によって、自動的に加工等を行なう工作機のこと。

　たとえば金属加工で、部品を製作する場合には、寸法は形状の情報に加えて、誤差（公差）、仕上げ精度、メッキ処理などの詳細を加えた、図面を作成して製造現場に提供します。

　そのほか、部品をどのような順序で取り付けるのか、電線の引き回しはどのように行なうのか、などの詳細情報が必要です。

　これらの図面類は、従来は紙によって現場に提供されていましたが、電子的な形で、現場のディスプレイや作業員のタブレットから参照できるようにすることで、文書の更新モレや汚損・紛失などを防ぐことができて、作業効率の向上につながります。

　なお、図面については、「ＣＡＤ」（Computer Aided Design）を使用して作成することが一般的です。

ＮＣプログラム業務のＤＸ化

　ＮＣ工作機を利用する場合には、そのプログラムを作成する必要があります。

　簡単な形状の加工であれば、工作機の制御パネルから直接プログラムしたり、人手でＰＣにプログラム入力して工作機に送ったりすることも可能です。

　しかし、複雑な形状の加工の場合には「ＣＡＭ」（Computer Aided Manufacturing）を用いて、設計で作成されたＣＡＤデータからＮＣプログラムを作成します。

 ## 製造作業の動画化

　製造作業の手順や、詳細のノウハウを製造現場に伝えるために、作業の動画を作成することが多くなっています。

　図面や文書だけでは、わかりにくい製造作業も、動画で見ることで、理解しやすくなります。

　また、文章などでは伝えにくいベテラン作業者のノウハウなども、動画であれば伝えることが可能になります。

　最近は、動画からさらに進んで、３次元表示が可能な「ＶＲ」（Virtual Reality）を利用することで、より臨場感を高めた作業説明やノウハウの伝達が可能となりつつあります。

5-6

研究業務のＤＸ化

 基礎研究から実用化研究まで対象

企業の「基礎研究」は、大学などの社外の研究機関に委託するなど、外部と連携して行なわれることが多くなります。

一方、実用的な製品を開発するための技術課題を解決するための「実用化研究」は、社内の製品企画業務や製品開発業務と連携する形で、実施されます。

研究業務では、一般に個人ごとに行なわれる非定型な作業が中心となりますが、実用化研究の場合には、周囲のメンバーや連携する部門との協力やアイデアの共有などが必要となることも多いため、グループウェアなどの協働ツールが活用されます。

本項では、研究業務の特徴的な部分として、「ナレッジマネジメント」と「実験のＤＸ化」について解説します。

 ナレッジマネジメントの活用

「ナレッジマネジメント」とは、個々人が暗黙的に持っている知識、アイデア、ノウハウなどを、社内で共有することで、新たなアイデアの創出につなげることです。

暗黙的な知識等は、一定の形式では保管されておらず、保管場所も複数にわたっていることが普通です。

これらを社内で共有するためには、社内の複数のシステムにわたって、検索を行なえる検索システムの導入が考えられます。たとえば、複数のシステムをWebに変換してWeb検索エンジンを利用することなどが可能です。

また、アイデア等の蓄積には、社内ブログや掲示板などで、個人が自由にアイデアを記載できるシステムが有効です。

　未整理なブログだけではなく、wikiと呼ばれる事典システムを社員が自由に編集できるようにして利用すれば、知識等を整理しながら蓄積することも可能です。

　アイデアを生み出す要素として、洞察力と発想力が必要です。研究開発には、その要素を鍛えることができるＩＴツールも数多く提供されています。

　観察力や豊かな着想力は、簡単に鍛えられるものではありませんが、このようなＩＴツールを取り入れることで、効率を高めることが大事なことは明らかです。

実験業務のＤＸ化

　研究業務には、さまざまな実験が必要になります。

　現在、さまざまな計測器類が、ネットワーク経由で制御あるいはデータ取得可能になっているので、これらを利用することで、実験のＤＸ化が可能です。

　また、社外でのデータ収集にもＩｏＴ化された機材を利用することで、大量のデータをネットワーク経由で容易に収集することができます。

　さらに、収集したデータの分析には、ＡＩを活用することができるようになりましたので、大量のデータ分析もかなり省力化することができます。

研究開発・技術開発業務の
ＤＸ戦略のまとめ

 ビジネスイノベーションの実践

　研究開発・技術開発の役割は、新たなアイデアを製品として実現し、事業として成立させることです。

　しかし、単に新しいモノ（サービス）をつくれば売れるという時代ではありませんので、製品を使ってもらうためには、顧客に他の製品では得られない「何か」を実感してもらう必要があります。

　その「何か」をつくり込むことが、研究開発・技術開発の重要な役割になっています。

　デジタル技術の応用で、人々の暮らしや行動が大きく変化することは少なくありません。スマートフォンなどは、その典型といえます。

　そこまでの大きな変化ではないとしても、デジタル技術を応用した新しい製品に、生活や社会の変化の要素（**ビジネスイノベーション**）を埋め込むこと——それはＤＸそのものになります。

　その意味で、研究開発・技術開発の業務は、ＤＸ化によってビジネスイノベーションを生み出す業務であるといっても過言ではありません。

 協働環境づくりの実践

　日々の業務内容を考えた場合に、研究開発・技術開発の業務には、同じ業務の繰り返しにはならない、非定型な業務が多く、そこで取り扱われる情報も形式化されない多様な情報が多くなります。

　そして、個人の頭のなかにある暗黙知としてのアイデアやノウハウが活用されることも多い業務です。

　また、設計業務などについては、従来からデジタルツールが導入

されている業務も多くなっています。しかしながら、「デジタル化
＝ＤＸ化」ではありません。

　デジタルを活用することにより、業務の効率化などに結びつける
必要があります。

　そこで、これらの業務におけるＤＸ化としては、個人の作業効率
化にとどまらず、プロジェクトやチームの生産性を高めるために、
メンバー間のコミュニケーションを促進し、協働を進める環境づく
りが重要になります。

　そのためには、すでに導入済みのデジタルツールも見直して、メ
ンバー間の協働や他のツールとの連携ができるようにすることが必
要です。

　メンバー間のコミュニケーションが増えて、情報が共有されるこ
とで、メンバー個人のもつ暗黙知が、チームで活用できるアイデア
に変わり、生産性が高まります。

　さらには、そのようなアイデアがビジネスイノベーションにつな
がってゆくことも期待できます。

ＳＥＣＩモデルとは

　組織的に新しいアイデアを創り出す場合の考え方として、野中郁次郎氏が提唱する「ＳＥＣＩモデル」が有名です。

　ＳＥＣＩモデルでは、個人や組織のなかに暗黙的に蓄積されている「暗黙知」と、表面に現われて組織全体で活用できる状態にある「形式知」という２つの種類の知識を想定します。製品やサービスとして活用されるのは「形式知」になりますが、その裏で暗黙的に蓄えられ、成長する「暗黙知」も重要な役割があります。

　最初に個人などの持つ「暗黙知」を組織で共有し（共同化）、その結果、知識が明確になり、共有可能な「形式知」に変わります（表出化）。形式知は、他の知識と組み合わされ（連結化）、新しいアイデアが創出されることになります。こうして生み出された新アイデアは、ふたたび個人などの経験である暗黙知として蓄積され（内面化）、次のアイデア創造サイクルにつながっていきます。

　共同化（Ｓ）、表出化（Ｅ）、連結化（Ｃ）、内面化（Ｉ）が何回も繰り返されることで、さらに新しいアイデアが生み出されていきます。

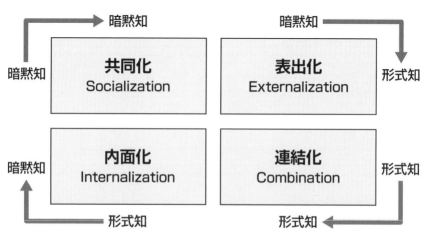

6章

総務・人事業務のＤＸ戦略

執筆 ◎ 新井 一成

総務・人事業務の全体像

 総務・人事業務とは

総務・人事の業務範囲は、企業によって異なっています。特に、総務の業務としては、経理業務なども含め、企業の管理業務のほとんどを担当する企業もあります。

本章では、一般に総務・人事として分類される業務のうち、次ページの図に示す範囲を取り扱うことにします。

図でアミ掛けした部分が、狭義の意味で総務・人事の業務として分類されますが、本章ではこれらに加え、全社のサポートを行なう業務として「経営企画」や「広報・IR」の業務を含めます。

 庶務業務の特徴

「庶務業務」は、総務業務のなかでも最も範囲が曖昧になりやすい業務で、企業ごとの違いも大きくなります。

来客への対応や全社で使用する消耗品類の手配、社内の清掃の手配など、企業全体へのサポート業務が庶務業務の内容になります。

 施設管理業務の特徴

「施設管理業務」は、企業が利用するさまざまな施設（社屋、工場、倉庫など）の購入・借用、利用時の保守・保全、不要になった場合の処分・売却・契約解除などを行ないます。また、車両の管理を行なう場合もあります。

 人事系業務の特徴

人事系の業務のなかで、「勤怠・給与管理業務」には、従業員の勤怠や労務の管理、給与支払い関係、それに伴う社会保険等の手続

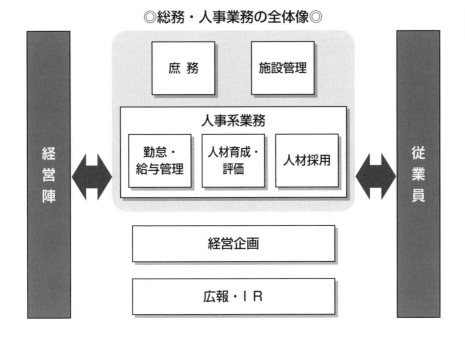

◎総務・人事業務の全体像◎

庶務　施設管理

人事系業務

勤怠・給与管理　人材育成・評価　人材採用

経営企画

広報・ＩＲ

経営陣　従業員

き、福利厚生関係の業務があります。

　「人材育成・評価業務」には、従業員の教育や研修の企画・実施、人事評価制度の策定・運用、人事異動関連の業務が含まれます。

　「人材採用業務」としては、人材の募集にはじまり、書類選考、面接、入社手続きなどの業務があります。

 サポート業務の特徴

　「経営企画業務」は、経営陣のサポートを行ない、全社での事業計画の策定や実行の取りまとめを行ないます。

　「広報・ＩＲ業務」は、経営陣をサポートして、主に社外への情報提供として、各種メディアへの対応や株主への対応を行ないます。

　総務・人事業務は、経営陣と従業員の両方にまたがり、企業全体の業務効率を高める業務となるため、ＤＸ化による改善がおおいに期待されています。

6-2

庶務業務のＤＸ化

　庶務の仕事は非常に多岐にわたり、また企業ごとに異なっている
ため、業務パターンにしたがって、①定期的業務、②要求対応、③
来客・入退場管理の３種類に分けて、それぞれについてのＤＸへの
取り組み方を解説します。

定期的業務のＤＸ化

　定期的業務とは、毎年、毎月、毎週などの定期的に実施しなけれ
ばならない業務で、例としては社内の設備（生産設備ではなくコピ
ー機などの補助的な設備）の保守・点検の手配や、社内の警備や清
掃の手配などがあります。

　さまざまな業務を、それぞれの時期に対応する必要がありますの
で、対応が漏れたり、特定の日に集中したりすることを避けるため
に「**スケジュール管理システム**」を導入します。無料のカレンダー
システムなども利用可能です。

　個人ごとのスケジュール管理とせずに、部署全体またはチームご
とに管理して、メンバーが全体の日程を共有することで、業務負荷
の調整なども可能になります。

　スケジュール管理システムでは、業務実施の時刻にアラームを出
すだけではなく、他のシステムを起動する機能を持つものもありま
す。この機能を利用して、定型的なメール等を発信するなどすれば、
業務の自動化にもつなげられます。

要求対応業務のＤＸ化

　これは、社内の各部署からの要求に応じて対応する業務で、例と
しては、文房具などの消耗品の手配や故障した設備の修理手配など

◎庶務業務の内容とＤＸ化◎

業務分類	業務例	ＤＸ化
①定期的業務	設備保守、清掃	スケジュール管理システム
②要求対応	消耗品手配、設備修理	タスク管理システム
③来客・入退場管理	来客、応接、取引業者対応	入退場管理システム

です。複数の部署等からくる多様な要求に対応する必要があります。

このような対応を整理して、モレや遅れを避けるためには、「**タスク管理ツール**」を導入します。簡単なものでは、無料のカレンダーシステムのＴＯＤＯ管理機能などが利用可能です。

プロジェクト管理システムなどに含まれるタスク管理機能を利用すれば、複雑な条件設定や進捗状況の管理なども可能になります。

また、要求元に要求事項を入力してもらうシステムの利用も有効です。

タスク管理についても、部署やチームで共有することで、業務負荷の調整などが可能となります。

来客・入退場管理業務のＤＸ化

店舗等への不特定多数の来店以外の各種来客や、取引事業者の来社に対応する、入退出管理や応接などがこの業務の内容です。

管理システムは、事前予約のある来客と、必ずしも事前予約のない取引事業者などの入退出の両方に対応できることが望ましく、受付で入場時刻と所属、名前、対応者などを入力し、退場時にその時刻を入力します。

入館証の発行や応接室・会議室の予約システムと連携できれば、さらに効率化が図れます。

6-3

勤怠・給与管理業務のDX化

勤怠管理業務のDX化

　「勤怠管理業務」の出発地点は、従業員が出退勤する際のタイムレコーダー等への打刻になります。

　小規模な企業では、紙のタイムカードや出退勤簿へ記録したうえで、改めてPCに入力するケースも多いと思いますが、この部分のDX化は業務効率化に有効です。

　従業員全員がPCを利用しているようであれば、PCのON／OFFの時刻を記録することで、打刻に代えることができます。

　PCが使えない場合でも、スマホでQRコードを読み込む方法やLINEなどのSNSを利用する方法なども提供されています。

　いったんデータ化されてしまえば、その先の集計作業は非常に楽になります。

　しかし、勤怠管理では、出張や直行・直帰などの例外の修正を行なう必要がある場合が大半です。本格的なシステムを導入する際には、これらの修正が容易にできるようになっている点にも気をつけましょう。

給与支払業務のDX化

　「給与支払業務」は、勤怠管理のデータにもとづいて行なわれます。

　給与計算については、従業員の雇用形態に応じて月給制や時給制などがあり、また時間外労働や交通費など、さまざまな手当が加わります。

　さらに、社会保険の処理、税務処理（源泉徴収、年末調整等）が必要になります。

　一部の業務をアウトソースする場合もありますが、社内で実施す

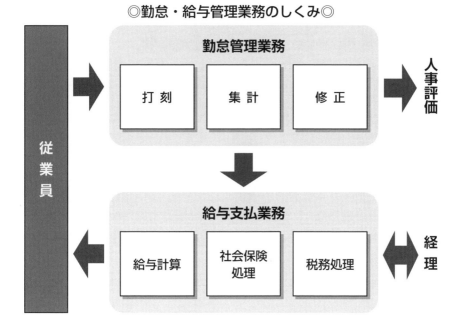

◎勤怠・給与管理業務のしくみ◎

勤怠管理業務

| 打 刻 | 集 計 | 修 正 |

従業員 → 勤怠管理業務 → 人事評価

給与支払業務

| 給与計算 | 社会保険処理 | 税務処理 |

給与支払業務 → 従業員

経理 ↔ 給与支払業務

る場合には、専用のシステムを導入することで業務効率化を図ります。

　給与支払業務用のシステムとしては、給与支払いに特化したシステム、経理（会計）システムの一部として提供されるシステム、人事管理システムと連携したシステムなどがあります。

　すでに経理システムや人事管理システムが導入されているのであれば、それらと連携できるシステムを選択するのもよいでしょう。

　給与支払業務のうち、システムが対応している業務範囲や種類を確認して自社に適するシステムを選択します。

　選択する際には、自社の勤務体系（月給制・時給制、諸手当など）、社会保険の処理、税務処理、給与振込、福利厚生制度などに応じて、自動化できる業務範囲がどこまでかを確認する必要があります。

人材育成・評価業務のＤＸ化

 従業員名簿業務のＤＸ化

　「人材育成・評価業務」のＤＸ化の中心は、従業員名簿の作成・管理になります。

　従業員名簿は、雇用形態にかかわらず、すべての従業員を網羅し、住所や家族の情報などに加え、勤怠管理情報や給与支払情報（振込口座情報やマイナンバー）、異動情報など、さまざまな情報を管理できる必要があります。これらの要件を満たすためには、汎用のデータベースシステムでシステムを構築することも可能ですが、一般的には人事管理専用のシステムを利用することが望まれます。

　システムの構築にあたっては、他のシステムなどとの連携も考慮したうえで、どこまでの情報を管理するかを洗い出し、また将来の情報追加の可能性についても考慮しておく必要があります。

　なお、多くの個人情報を含み、特にマイナンバー情報なども含む場合があるため、個人情報保護に十分に留意する必要があります。

 人材評価業務のＤＸ化

　人材の評価については、従業員名簿（データベース）と連携する形で、個々の従業員の経歴や資格などのスキル、また人材評価制度による評価結果などを管理します。一般に「**タレントマネジメントシステム**」として提供されているサービスなどが利用可能です。

　人事評価については、最初に「人事評価制度」の導入が必要です。

　人材育成の目標や方法に合わせた制度設計を行ない、従業員の特性などにも合わせる必要があるため、各社ごとに少しずつ異なる評価制度となることが一般的です。

　システムの導入構築にあたっては、自社の人事評価制度に適合す

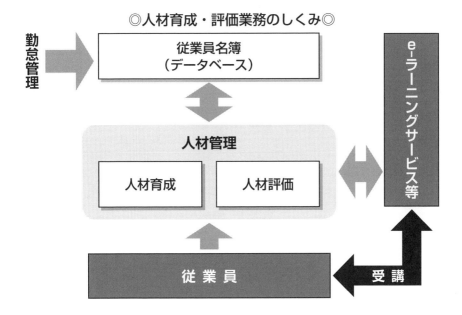

◎人材育成・評価業務のしくみ◎

勤怠管理 → 従業員名簿（データベース）

人材管理

人材育成　人材評価

従業員

e-ラーニングサービス等

受講

るものを選択する必要があります。

　評価自体のシステム化（ＤＸ化）を行なう前に、評価制度運用の進捗管理のためのワークフローの導入から進め、評価自体は人手で行なうことも、第一ステップとしては効果的です。

人材育成業務のＤＸ化

　人材育成のための各種教育には、社内教育に加えて、外部の研修サービス、特に**e-ラーニングサービス**などの活用が考えられます。

　社内外での教育・研修・e-ラーニングなどの受講履歴は、従業員名簿（データベース）と連携して管理します。ＯＪＴ（On the Job Training）制度などを導入している場合には、その履歴も管理が必要です。また、教育の結果として、従業員に資格取得などをさせる場合には、取得した資格の記録も取り込みます。

　社外の研修サービスやe-ラーニングサービスを利用する場合には、従業員からの申込受付、外部サービスの申込、受講結果の把握を行なう、一連のワークフローシステムの利用が考えられます。

6-5

人材採用業務のＤＸ化

求人サイトの活用と注意点

　人材採用については、学校を通じた募集、（自社従業員を含む）人脈を通じた募集、自社ホームページでの募集など、さまざまな方法が考えられますが、中心となるのは、ハローワークを含むインターネット上の求人サイトを通じた募集です。

　求人サイトには、それぞれ特長があり、自社の募集したい人材の特性に合わせて、求人サイトを選択する必要があります。求人サイトは、大きく分けると下表の３種類があります。

種　類	特　長	料　金
一般求人サイト	広く一般に向けて求人広告を行なう。サイトごとに登録会員の人数や特性が異なる。	月額課金 （無料もあり）
求人検索エンジン	複数の求人サイトに掲載されている求人情報を検索して一括表示するサイト。	無料 （有料オプションあり）
ダイレクトリクルーティングサイト	特定の経歴やスキルを持つ求職者を企業に紹介し、直接、求職者にアプローチするサイト。	成功報酬

　ハローワークも、一般求人サイトに分類できますが、料金は無料です。

　表のなかで、「求人検索エンジン」については、基本的には無料ですが、有料で自社の求人広告を上位に表示できるなどのオプションがありますので、必要に応じて検討します。

　これらの求人サイトを利用する場合の留意点として、できるだけ**自社の特色をアピールできる具体的な内容**を盛り込み、またどのよ

うな人材を求めているかを具体的に記述することが、他社との差別化のために重要になります。

　なお、これら外部の求人サイトを利用する場合でも、求職者は各社のホームページを参照することが一般的なので、必ず**自社のホームページを整備**し、求人のページも用意しておくことが必要です。

　できれば、職場の雰囲気や先輩従業員のコメントなどがわかるような内容を掲載しておけば、求職者が安心して申し込んでくれます。

 ## 採用業務のＤＸ化

　実際の採用にあたっては、①エントリーシートの受領、②書類審査、③面接審査、④内定通知／採用通知、⑤入社手続き（雇用契約、社会保険手続き等）、⑥入社教育などの一連の業務を行なうことになります。

　複数の求人サイトを利用する場合には、それぞれのサイトからのエントリーにもとづき、これらの手順を進める必要があります。

　これらの業務を効率的に進めるためには、ワークフローシステムの利用が効果的です。

　人事管理システムの一部として採用ワークフローをサポートする場合もありますので、利用を検討しましょう。

　新卒採用を行なう場合には、求人サイトの利用以上に、高校・大学・各種専門学校などとのコンタクトが重要になります。

　これらのコンタクト情報が属人化して、担当者の交代で失われてしまうことがないように、また、コンタクト先の情報を常にアップデートするために、コンタクト情報をデータベース化して管理することが重要になります。

　表計算ソフトの利用でも十分ですが、クラウドサービスで提供される連絡先リスト機能などの利用も効果的です。

6-6

施設管理業務のＤＸ化

施設管理業務の特徴

社屋や工場、倉庫、社宅、社員寮などの施設は、自社保有の資産や賃借しているものなどが混在します。

多数の施設を管理する場合には、専用の管理システムを構築することも考えられますが、ここでは比較的少数の（ただし多様な）施設を管理することを前提として解説します。

スケジュール管理業務のＤＸ化

多岐にわたる施設の管理にあたっては、日常的に実施される施設の清掃や整備に加えて、毎年または数年ごとに対応する必要のある各種手続きなどがあります。たとえば、防火設備やエレベーターの点検、あるいは賃借施設の契約更新などです。

これらの業務や手続き等は、法律で定められているものもあり、また、個々の施設ごとに時期が異なるため、漏れなく適宜実施するためには、「**スケジュール管理システム**」を活用することが有効です。

年間（または数年間）のスケジュールを立案することで、一時期に作業負荷が集中しないような工夫が可能となります。

運送業のように、多数の車両を事業の中核で利用している場合、車両管理は専門部署で専用システムを利用することになりますが、一般企業では、社用車などの少数の車両を総務部門で管理する場合があります。

車両についても、個々に定期点検や車検などの手続きが必要となるので、「スケジュール管理システム」の活用が可能です。

複数の社用車の車検時期が重なって、利用できる台数が減ってし

まうことなどがないように、年間スケジュールを立案して管理しましょう。

 稼働状況管理・コスト管理業務のDX化

施設や車両を総務部門で管理する場合は、稼働状況や収益性についても管理する必要があります。

稼働の少ない施設・車両については、コスト削減のために売却などの処分や契約解除を検討する必要があります。

車両の稼働状況を把握するためには、スマートフォンアプリで走行距離等を記録することも可能なので、利用することが考えられます。

また、給油のデータから稼働状況を逆算することも可能です。

これらのデータを個別の車両ごとに集計することで、車両ごとの稼働率を把握できます。

建物については、直接的に稼働を把握することは困難ですが、会計システムなどと連携して、関連する売上や利益を継続的に取得し、維持コストと比較することで、事業収益への貢献度を把握することが可能です。

事業への貢献度が低下している場合には、施設の契約解除や売却などを検討します。

6-7

広報・ＩＲ業務のＤＸ化

 ### 広報・ＩＲ業務の特徴

　「広報」は、各種メディアを通じて企業の情報を広く世間一般に知らせる活動です。新製品・新サービスの発売などを公式に知らせる場合などに行なわれます。

　広報活動による情報は、広告・宣伝とは異なり、企業の発表した内容を各メディアが確認・編集して記事にするため、広告・宣伝よりも信頼性の高い情報とみなされます。

　上場企業では、一般株主向けの情報提供のために「ＩＲ」（Investors Relationship）という活動がありますが、非上場企業では、情報提供先が限定されるため、広報活動の一部として行なわれる場合もあります。

 ### 広報配信業務のＤＸ化

　広報で使用するメディアは、新聞・雑誌・テレビ・ラジオなどのマスメディアだけではなく、自社ホームページやＳＮＳなどを通じての情報提供も含まれます。

　マスメディアに広報文を配布するためには、直接持参や、郵送、ＦＡＸで配布することになりますが、多数のメディアの配布先を自社で把握して配布することは困難な場合があります。

　そこで、広報文を多数のメディアに電子メールで配信する「**電子配信サービス**」を利用します。

　電子配信サービスとしては、無料・有料のサービスがあります。それぞれのサービスごとに、配信先メディアが異なっており、自社がターゲットとするメディアが配信先に含まれているかどうかを確認して利用します。

また、広報文の作成支援サービスなどが提供される場合もあるので、自社のニーズに沿って選択します。

なお、配信サービスを利用する場合でも、自社と直接コンタクトのある記者などには、個別に広報文を送付することが有効です。

そのためには、記者のコンタクトリストを作成・維持管理して、広報担当者間で共有し、担当者が交代しても引き継げることが望まれます。

広報スケジュール管理業務のＤＸ化

メディアにとっては、記事のニュース性が重要になるので、広報発表の実施にあたっては、その発表のタイミングが重要です。

新製品などであれば、店頭に並ぶ日時や受注開始する日時などに合わせて発表することになります。そのため、発表の日時から逆算して、準備を進めます。

広報発表文は企業にとっての公式発表になるので、その内容については、誤りはもちろん誤解を生むような表現がないように、十分な事前確認が必要です。

そのためには、製品の責任部門などによる厳重なレビューが必要となるので、発表までの日程は「**スケジュール管理システム**」を利用して関係者間で共有することが有効です。

自社メディア管理業務のＤＸ化

自社ホームページやＳＮＳによる情報発信も、広報業務として担当することがあります。

ホームページについては、維持管理を外部委託する方法もありますが、WordpressなどのＣＭＳ（Contents Management System）を導入することで、社内でも比較的容易に維持管理を行なうことができるようになります。

経営企画業務のＤＸ化

経営企画業務の特徴

経営陣のサポートを行なう経営企画業務としては、たとえば、年間予算の策定や中長期の事業計画の策定などがあり、また、新規事業の立ち上げの計画・体制づくりなどもあります。

これらの業務は、部門内の人員だけではなく、複数部門にまたがる、プロジェクト体制で行なわれることが多くなっています。

プロジェクト管理業務のＤＸ化

上記のような、複数部門にまたがるプロジェクトをスムーズに実行するためには、「**プロジェクト管理システム**」の利用が望まれます。

プロジェクト内の各メンバーや、部門の課題やタスクを明確にし、それぞれの進捗管理を行なうことで、プロジェクト全体の進捗を管理します。

また、プロジェクトメンバー間でのコミュニケーションを活性化するために、チャットシステムなどの導入も有効です。

プロジェクト管理のためのシステムとしては、スケジュール管理やチャットシステムを含むグループウェアを利用することができます。

要求管理（タスク管理）業務のＤＸ化

経営陣や社内の各部門からは、さまざまな課題や要求事項が出てきます。

カレンダーシステムのＴＯＤＯ管理機能の利用なども考えられますが、比較的、時間（日数）のかかる課題や要求事項が多くなるた

め、プロジェクト管理システムのタスク管理機能やスケジュール管理機能などを組み合わせて利用することがよいでしょう。

　管理する課題や要求事項については、スケジュールを含め、部門内で共有することで、全体の作業負荷の調整や進捗の遅れた業務に対するサポートなどが可能となります。

ＤＸ推進部門としての役割

　経営企画業務には、全社によるＤＸ化への取組みの推進部門としての役割が期待されます。

　ＤＸ化は、単なるＩＴ化／デジタル化ということだけではなく、業務プロセスの見直し、場合によっては組織構造の見直し、さらにはビジネスモデルの変更も含むことになります。

　そのため、企業全体の最適化を考えて、全社の業務を俯瞰できる必要があります。

　経営陣とのコミュニケーションも密に行なえる経営企画部門が、旗振り役となってＤＸ化を推進することが望まれます。

6-9

総務・人事業務のＤＸ戦略のまとめ

総務・人事業務の役割

総務・人事の業務は、非常に多岐にわたり、企業のさまざまな業務に関連しています。

しかし、この業務全体を大きくとらえると、経営陣と従業員の間、従業員と従業員の間で、それらを結びつける接着剤の役割といえるのではないでしょうか。

接着剤がしっかりしていないと、企業はバラバラになってしまいます。そうならないためには、総務・人事の業務のＤＸ化にあたっては、以下にあげるような意識をもつことが大切です。

従業員の働きやすさの向上

さまざまな部門や業務で、バラバラにデジタルツールの導入を進めると、ときとして、かえって従業員の作業が増えたり、複雑化したりすることもあります。

総務・人事業務のデジタルツールは、直接、全社の従業員に関係することも多いので、その導入にあたっては、企業全体のデジタルツールの導入状況を確認して、従業員の負担が減るような方法を検討することが望まれます。

デジタル化により業務効率を改善することがＤＸ化ですが、個別の業務の効率改善にとどめず、従業員の働きやすさを向上させることで、従業員１人ひとりの生産性が高まるようにすることも重要になります。

経営陣のサポート

企業経営にあたっては、経営陣は日々複雑な判断・決断を迫られ

ており、それをサポートすることも総務・人事の重要な業務になります。

そのためにデジタルツールを活用していくことは大切ですが、一方で、企業のDX化を進めるためには、経営陣が陣頭に立ってDX化を推進することが、何よりも重要です。

経営陣がDX化に消極的であったり、DX化を理解できていなかったりする場合には、企業全体のDX化は進みません。

そこで、経営陣をサポートする総務・人事としては、経営陣にDX化の本質を伝え、DX化の必要性を理解してもらうことも重要になります。

企業全体の効率化

本章の冒頭にも書きましたが、総務・人事の業務は、企業全体の業務効率を高める役割も担っています。

企業全体のDX化を進めていくなかでは、前述のように部門ごとに部分最適化を求めてしまったり、かえって効率を下げてしまったりということも生じます。

特に、デジタルツールの導入にあたって、業務のやり方を見直す場合などは、業務の変化に反対されてしまうこともあります。

総務・人事には、ときには全体調整役として、業務の見直しも含めて、DX化を進めることが求められます。

マイナンバー管理とＤＸ化

　マイナンバーを含む個人情報は、法律上「特定個人情報」として厳密な管理が求められています。

　ポイントは２つあり、一つはマイナンバーを含む情報の厳重な保管であり、もう一つは社内で決められた担当者以外は情報を取り扱わないようにすることです。

　これらを実現するために実行可能な３つのパターンの管理方法を紹介しておきましょう。

①アナログ管理

　少人数（おおよそ20名以下）の企業であれば、紙の台帳を作成し、鍵のかかる金庫などに保管する方法が安全で、低コストです。ただし、取り扱う担当者は、規則で定め、教育する必要があります。

②外部委託

　情報の保管と利用（役所への提出書類の作成）などを、外部の専門家（専門会社）に委託する方法です。従業員からのマイナンバー収集を含めて、外部の専門家に実施してもらいます。

③クラウドサービスの利用

　従業員からのマイナンバーの収集から保管、書類作成（サポート）までの機能を提供するクラウドサービスの利用が可能です。この場合は、社内に担当者を置き、教育を行なっておく必要があります。

7章

経理・財務業務のＤＸ戦略

執筆 ◎ 上田 裕樹

経理業務のＤＸ化

 経理業務のフロー

　経理業務とはいわゆる会計・決算を、財務業務とは契約・資産管理を指しています。本章の前半では経理中心のＤＸ化、後半では財務中心のＤＸ化について説明します。

　まず、経理業務全体の流れについて考えてみましょう。

　経理業務は、基本業務としての業務フローがおおむね決まっており、「日次業務」「月次業務」「年次業務」に分けられます。それぞれの業務例をあげると以下のとおりです。

①日次業務

　現金・預金の管理、支払伝票の起票・管理、経費精算、売上高の計上、取引先登録等の管理、与信調査　等

②月次業務

　月次決算および決算レポート作成、売掛金の請求や回収、取引先への支払い・請求書発行、給与支給　等

③年次業務

　年次決算および決算レポート作成、監査対応、株主総会事務、税務申告、賞与支給　等

　企業の形態、規模によって必要な経理業務は異なりますが、会社法や各税務関係法令にもとづいた業務となるため、定例業務が中心となります。

　定例業務が多いからこそシステムやソフトの導入がしやすく、営業や製造のように企業ごとに業務フローが異なる業種に比べると、**ＤＸ化は進めやすい業種です。**

経理業務の特徴

経理業務の一番の特徴は、専門性が高いことでしょう。お金、つまり数字に関することなので間違いは許されず、緊張感をもって日々の業務にあたっています。

また、専門性が高いことから業務が属人化しがちです。一方で、専門性が高いため、人材育成が思うように進まない企業も多いことから、業務のアウトソーシングが行なわれやすいという特徴もあります。

定例業務が多いと前述しましたが、法令改正、制度改正により業務内容が細かく変更することが多く、その変更に確実に対応していく必要があることから、**変化に対する柔軟な対応力も求められる業務**です。

 経理業務のＤＸ化

ＤＸ化という点では、ほかのどの部門よりもデジタルツールが巷にあふれており、企業の業務形態、部署のニーズに合ったツールを選択することができます。

会計ソフトの導入といったごく簡単なデジタル化なら、すでに導入している企業も多いかもしれません。しかし、伝票、領収書、各帳票等は紙で扱っている企業が多く、まだまだデジタル化による業務改善の余地はありそうです。

すでにさまざまなツールや手法があるため、自社の業務に合ったツールを選びにくい、ツールを導入する際に自社の経理業務をどう効率化し、変えていくことができるのかわからない、といった声もあります。

本章では、経理の業務フローごとに、どのような視点で業務を見直し、システム導入を契機としたＤＸ化を進めるかを説明していきます。まずはできるところから、**業務課題を抽出して、ＤＸ化を実施し、業務効率化へつなげていきましょう。**

7-2

会計管理業務のＤＸ化

 会計管理業務とは

　本項から、具体的な業務ごとに、どのようにＤＸ化を図っていくかを考えていきましょう。

　まず会計管理ですが、これは、企業全体のお金の流れを管理・把握する業務を指し、日々の金銭出納業務全般を対象にします。

　具体的には、現金・預金の管理、売上管理（売掛金）、仕訳・記帳・帳簿の管理、仕入管理、経費精算等です。他の業務を行なっている人も経費精算等でふだんから、お世話になる機会があるので、業務のイメージもつきやすいかもしれません。

 会計管理業務の現状と課題

　会計管理業務は、企業規模により処理量も大きく変わり、大企業であれば組織的にシステム化され、効率的に業務が行なわれているかもしれません。

　一方で、経理担当者が数人、または１人だけという企業も多く存在し、こうした企業では業務が属人化し、古いままのシステムをいつまでも使っていたり、ほぼ手作業で業務を行なっているところもあるでしょう。

　やはり問題となる点は、紙の領収書、紙の帳票、と何でも紙で管理しているところでしょうか。

　紙で管理する以上、人の手が入る必要があり、どうしても人手がかかります。一方で、現在は人手不足といわれ、多くの企業で人材獲得競争が激化しています。

　そうした情勢のなか、**今後、人手が足りなくなっても業務を円滑に進めていくための備えとして、会計管理業務をＤＸ化していく必**

要性は高いといえます。

まずはペーパーレスを

　まずは紙をなくす、つまりペーパーレス化していくことをめざします。それが経理DXの第一歩です。

　ペーパーレス化は、全社的に行なうべきものですが、紙書類を大量に扱う経理部門では、印刷コストや帳票の保管コストの削減、郵送費の削減等、メリットが大きいでしょう。電子ファイルをメインに扱うことで、各担当者のPCからファイルへのアクセスが可能になり、テレワークも容易になります。

　すべての紙をなくすことは難しいかもしれませんが、領収書の提出をスキャン、PDF化したうえでメール送付させるなど、社内ルールを地道に変えることでペーパーレス化は進んでいきます。

　ただし、**ペーパーレス化がゴールではありません。**ペーパーレス化を達成できたことで、DX化ができたつもりになるケースが多くみられます。しかし、**会計業務のDX化はさらにその先、さまざまな情報を集約し、業務プロセスを改善し、会計業務の効率化へつなげていくことが目的です。**

会計ソフトの導入

　会計ソフトは、企業で利用するソフトウェアのなかでは最もメジャーなもので、テレビCMや新聞広告等で皆さんも多くの製品名を目にしていることでしょう。基本的には、どの製品を選んでも、ほとんどの会計業務はカバーしてくれます。

　ソフトを比較するポイントとしては、まず操作がしやすい、画面が見やすいといった点と、レポート機能が充実しているか、金融機関等とデータ連携が可能か、といった機能面で比較します。

　また、最近は同じ製品群でもクラウド型かインストール型かで製品が分かれます。クラウド型は、オンラインで利用でき、データ共有も簡単で、システム更新も自動で行なわれるため、最近はこちら

が主流です。インストール型は、ＰＣにインストールして利用するもので、オフライン環境でも利用できます。

利用料金については、クラウド型は月払い、インストール型は買い切りなど、業務の状況に合わせて選択しましょう。

会計業務のみを行なうのが会計ソフトですが、販売管理、契約管理、資産管理といった複数の業務をまとめて扱えるのが「ＥＲＰ」です。ＥＲＰは、バラバラに運用されている各システムを統合し、情報管理することで、全体の効率化を図ることができます。

 ## ＤＸ化の事例〜経費精算〜

次に、ＤＸ化の身近な事例として「経費精算」について見てみましょう。

①**現状**（A社の場合）

A社は100人ほどの社員数であるため、各部署で発生する経費（交通費、出張旅費、各種立替金等）をすべて経理部で取りまとめている。経理部で毎月、締切日を設けて、社員がそれぞれの経費精算を経理部の担当者に依頼するが、特にシステム化はされていないため、エクセルの帳票に記載したものをメールで送付することになっている。精算が認められた後、小口現金を管理している経理部から各担当者に現金の支払いが行なわれる。

一方、領収書等は紙類なので、メールとは別に部署ごとに提出される。現在の運用方法でずっと業務を行なってきたが、経理担当者は以下のような不満をもっている。

❶領収書の紛失が多い、領収書が整理されていない

❷ミスが多く、確認や修正の連絡が煩雑で時間がかかる

❸現金の管理が煩雑で、直接の受渡しが不用心

A社の事例を紹介しましたが、以前はこのようなフローで経費精

算を行なっていた企業は多かったのではないでしょうか？

　では、この事例では何が課題でしょう？　そもそも経費精算ルールがきちんと明文化されていない点も問題なのですが、まずは**経理担当者が抱える不満を解決してあげることが重要**でしょう。そこで、ここでは経費精算システムを導入する事例を紹介します。

②**経費精算システム導入後**（Ａ社の場合）

　経理担当者が抱える課題を解決するために以下の取組みを実施した。

❶帳票類や各種処理をデジタル化し、申請・連絡もオンラインシステムで行なう。Webアプリを用いるので、領収書も携帯電話で撮った写真をそのまま送付できるようにする。

❷経路探索アプリと連動することで、システム上で正しい経路選択ができ、金額の誤りがなくなる。

❸給与システムとデータ連携して給与口座へ立替経費を直接振り込むことで、小口現金の利用が減り、管理が簡便になる。

❹これまで申請には上司のチェックが必要で、申請から経理部への到着まで時間がかかっていた。これをオンライン決裁できるようにし、申請業務がスムーズに進むようになった。

　いかがでしょうか。これは一つの事例ですが、システムを導入するだけでもかなりの業務効率化が図られると思います。また、この実施内容は、おおむね既存の経費精算システムに標準的に組み込まれており、わざわざ一からシステムを組む必要もありません。

　ここでは経費精算システムを扱いましたが、単体で導入するだけでなく、ＥＲＰとして会計ソフト、給与計算ソフト、勤怠管理ソフトなどと統合して導入すると、より効果的です。そのためには各業務プロセスをきちんと洗い出し、上記のように**何が課題でどうするべきかをきちんと業務要件として定義すること**が重要です。

7-3

請求・支払業務、決算業務のＤＸ化

 請求・支払業務の特徴

　請求・支払業務は、前項で紹介した会計業務に近いもので、担当部署も経理部で行なわれることが多いでしょう。本項では取引先など相手方とのやり取りを中心に説明します。

　請求業務については、各部署で売上がたった際に、契約等にもとづき請求書を発行して、売掛金を計上し、入金予定表を作成して取引を記帳します。入金確認後に入金予定表から消込みするといった流れです。

　支払業務については、各部署で物品の納品、成果物の検収が行なわれた後に、発行された請求書に従って支払予定表を作成して、振込処理し、取引の記帳、支払予定表からの消込みといった流れになります。

　どちらもアナログな処理ですが、取引先によっては業務形態の違いにより、さまざまな問題が発生する業務でもあります。

 請求・支払業務の現状と課題

　取引先からの書類は、営業担当者から提出されるパターンが多く、提出が遅れることによる処理の遅延などがたびたび生じます。場合によっては、支払期日に間に合わないということも生じ、企業の信用問題に発展するケースもあります。

　また、取引先から送付される書類の形式もさまざまで、支払情報の管理が煩雑になることもあるでしょう。

　さらに、2023年10月からインボイス対応が始まったことや、2024年１月から電子取引データ保存が義務化される、改正電子帳簿保存法への対応など、制度改正により各企業は多くの対応を迫ら

れることになります。

　基本的には会計管理業務と同じく、会計ソフト等のシステム導入で対応することになりますが、制度の概要についても以下で紹介しておきましょう。

 インボイス制度への対応

　2023年10月から始まり、開始前には世間を騒がした「インボイス制度」とは、消費税法に導入された新制度で、「適格請求書」（以下、「インボイス」）のみが仕入税額控除の対象となる制度のことです。

　従来は、発行者が課税事業者でも免税事業者でも仕入税額控除を受けることができましたが、新制度ではインボイス以外の証憑では消費税の仕入税額控除を受けられなくなります。

　支払側の経理担当者の立場で考えると、それまで免税事業者だった事業者の多くが、本則の課税事業者に切り替わることにより、仕入税額控除の計算に関わる会計処理業務が大幅に増加することが考えられます。

　たとえば、送付されてきた請求書が、インボイスか免税事業者かを判断して仕訳を行なう、取引先が適格請求書発行事業者として登録されているかを適格請求書発行事業者公表サイトで確認する、消費税額の計算が正しいかを確認する、などさまざまな追加業務が発生し、経理担当者の負担はかなり大きなものになるでしょう。

　現在、多くのクラウド系会計ソフトがアップデートされ、インボイス制度により発生する業務に対応可能となっています。経理業務のＤＸ化の一環として、こうした新制度の登場にもデジタルツールを上手く使って円滑に対応していきましょう。

 改正電子帳簿保存法への対応

　次に、改正電子帳簿保存法についてですが、電子帳簿保存法は2021年に改正、2022年１月より施行され、帳簿、決算書類、請求書、領収書等をデータとして保存することが義務化されることになりま

した。

　義務化といっても猶予期間が設けられており、2023年12月までは請求書や領収書の電子データをプリントアウトして、税務調査等の際に提示、提出すればよいことになっています。

　そして、2024年１月以降も一定の条件を満たす場合には、引き続き猶予期間が設けられることになりましたが、いずれ義務化されることになるため早めの準備が必要です。

　特に、請求書、領収書などは様式がバラバラなことが多く、紙で管理するとファイリングに手間がかかることが多いため、データ化することで処理時間や書類を探す手間が削減され、業務効率化に直結します。

　このように法令改正の準備を進めることで、煩雑な経理事務のペーパーレス化、ＤＸ化も進むので、ぜひ積極的に対応していきましょう。

　では、具体的に何をすべきか、以下のステップに分けて説明します。

①電子保存すべき書類の特定・整理

　電子帳簿等保存は、以下の書類が対象になります。

- **帳簿**：仕訳帳、総勘定元帳、売掛帳、買掛帳、現金出納帳、固定資産台帳　等
- **決算書類**：貸借対照表、損益計算書、棚卸表　等
- **取引書類**：注文書、見積書、契約書、領収書　等

②保存方法について

　帳簿や決算書類のように、もともとエクセル等で作成したものは、そのまま電子データで保存します。また、自社で作成して取引先に提出する取引書類の写しや、電子メール等で行なった取引なども電子データで保存します。

　取引先から受領した見積書、請求書については、紙で受け取った

ものをスキャナにより電子化して保存します。なお、改正後はスキャン後の原本の保存は必要なくなり、紙原本は破棄することができるようになりました。

③保存要件について

電子帳簿等保存法をもとにデータを保存する際は、「真実性の確保」と「可視性の確保」の両方を満たす必要があります。

真実性の確保とは、保存したデータの削除や改ざんができないように処理することです。例としては、電子データに改ざんがないことを証明する時刻認証局（ＴＳＡ）が発行するタイムスタンプの付与などがあります。

可視性の確保とは、保存データの検索・表示ができることです。例としては、即座にディスプレイに表示され、プリンタによる紙出力に対応する体制を整えておくことなどがあります。

いずれも細かい要件をクリアしようとすると、自社のシステムのみで対応するのは非常に手間がかかります。そこで、改正電子帳簿保存法に対応した会計ソフトの導入を検討するとよいでしょう。タイムスタンプ付与機能、検索機能やスキャン機能等が実装された会計ソフトも登場しており、一連の業務に対応することができます。

 決算業務のＤＸ化

決算業務についても、これまで紹介した電子帳簿等保存法に対応することで、おおむねデジタル化は実現するでしょう。会計ソフトを導入し、日々の仕訳入力、帳簿管理を行なっていれば、決算書等も自動的に出力することができます。また、会計ソフトは税務申告が機能化されているものも多く、決算書類の作成から申告手続きまで一貫して行なうことができます。

ここまで業務効率化、自動化が実現できれば、経理ＤＸはかなり進んでいるといえるでしょう。

財務業務、契約業務のDX化

財務業務の対象

　本項からは財務業務について説明します。ここで扱う財務業務は、契約業務、財産・資産管理業務を対象とします。

　契約については、企業により取扱いが異なりますが、営業フローのなかで行なわれるため、営業担当等で分散して処理する場合もありますが、ここでは財務部の契約担当者が一括処理する場合を考えて説明します。

契約業務の特徴

　契約業務は、契約内容の確認、契約書作成、修正、承認、締結、契約書の管理・保管といったプロセスを契約相手側と互いに確認しながら進めていきます。

　基本的には定型的な業務ですが、社内の営業担当者や社外の契約担当者との調整が発生するため、業務は煩雑になりがちです。

　契約業務で、特に重要で時間がかかるプロセスは、内容審査・リーガルチェックです。

　契約内容によっては専門性が高くなるため、法務担当者を交えた厳密なチェック体制が必要になります。これまでの交渉プロセスの洗い出しや、以前に行なった同様の契約案件のチェックなど、作業ボリュームは大きくなるでしょう。

契約業務の現状と課題

　これまで契約書は紙で作成されるものが多く、過年度の契約状況のリスト化が不十分な場合は、検索に多大な時間を要することになります。

　昔の契約書であれば、社外の書庫などに保存されているケースもあり、取り寄せるまでに数日かかることもあるでしょう。

　契約業務は、押印が必要とされたことから、ペーパーレスやデジタル化が進みにくい業務の筆頭です。ＤＸ化がさまざまな部署で進みつつあるなかで、契約業務だけはなかなか改善されなかったのではないでしょうか。

　また、法令改正への対応、英文契約書の作成など専門性が高いうえに細かい業務が多いため、適切に業務を行なえる人員を確保しにくいのも課題の一つでしょう。

契約書管理システムの導入

　こうした課題を解決するには、「契約書管理システム」の導入が有効です。このシステムは、契約書を電子上で管理するためのものです。

　電子上で保管することによって、契約書を安全に管理できますし、検索性も向上します。社内でアクセス権限を設定することで、特定の人のみが契約書を閲覧できるようになるなど、セキュリティ強化にもつながります。

　このシステムには、さまざまな機能が実装されています。たとえば、自動レビュー機能などはＡＩが契約書を自動的にチェックして訂正してくれるため、レビュー時間が削減できます。また、法令改正にも対応しているシステムであれば改正時に、システムから修正指示を出してくれるので漏れなく修正が可能になります。

　もちろん、こうした**契約書の内容確認や修正事項は最終的には人間の目でチェックすることが必要**ですが、**ＡＩが支援してくれることで業務負荷は下がり、作業は圧倒的に効率化**されるでしょう。

　また、電子契約や電子サインに対応しているソフトであれば、相手先に対してもオンラインのみで契約手続きが完了します。さらに、タイムスタンプにより改ざん防止も担保されるため、より信頼性の高い取引が可能になるなど、導入のメリットは大きいでしょう。

財産管理・資産管理業務のＤＸ化

 財産管理業務とは

　本項では、固定資産の管理業務、減価償却の計算業務、物品の履歴管理等を行なう財産管理業務について、また、ハードウェアやソフトウェアといったＩＴ資産管理業務についても説明します。

　製造業界やインフラ業界といった、大規模な施設を抱える企業は、多くの固定資産を所有しています。こうした固定資産は、台帳を作成して管理をしており、新規の場合は、建設仮勘定からの振替、除却の際は損金計上するなど、会計上の処理も必要になります。

　また定期的な棚卸により、台帳は常に正確性を保つ必要があり、検索のしやすさなどの一覧性も求められます。

　こうした台帳管理は、各企業で昔から行なわれていますが、システム化はされておらず、エクセルシートでの管理、場合によっては紙の台帳で管理されていることもあるでしょう。

 固定資産管理・棚卸のシステム化

　現在では、各種ベンダーから資産管理システムがリリースされており、以下のような機能の実装が可能になっています。

①台帳の一元化

　これまで固定資産、消耗品、土地、支社の資産など、分類によって台帳が分かれ、取りまとめや担当者間の連絡に手間がかかっていました。台帳を一元化することで、**どの担当者もアクセスでき、円滑な情報共有が可能**になり、業務効率化につながります。

②保守管理の効率化

　一定期間ごとに保守が必要な資産は、担当者が計画的に保守計画

を作成して、管理を行なってきました。

　システム化することによって、こうした保守の状況も一覧化されるため、保守管理計画作成の一助となります。

　また、点検未実施の場合にアラートで通知する機能を加えることで、点検漏れといったヒューマンエラーの防止にもつながります。

③会計処理の自動化

　システム上で固定資産の減価償却費等の自動計算を行ない、会計ソフトと連携させることで、費用計上を自動化することができます。会計処理は、経理担当者との調整が必要な業務なので、この点が自動化されることは、かなり利便性が上がるでしょう。

　リース資産や建設仮勘定が多く発生する企業の場合は、こうした機能が付加されたソフトを選択することで、より会計処理は簡便になるでしょう。

ＩＴ資産管理の重要性

　最近は、ハードウェアの購入、ソフトウェア開発の増加に伴い、ＩＴ資産が急増しています。ＩＴ資産は、各部署に分散して設置がされていること、またそもそも**ソフトウェアは目に見えない資産で**あることから**日常的な管理に困難が伴います。**

　業務端末などは、ほとんど見た目も同じで、型番による管理が必要ですし、ソフトウェアのライセンス数の管理も過不足なく行なうのは、非常に手間がかかる作業です。

　また、企業のセキュリティ、コンプライアンスの強化から、ＩＴ機器の利用制限（ＢＹＯＤの禁止、外部メモリーの利用禁止）も行なわれており、ＩＴ資産管理の重要性は高まっています。

　資産管理システムで、ＩＴ資産も一括して管理することで、こうした課題にも対応することができます。**資産管理システム情報を情報システム担当者と共有することで、ＩＴ資産についてよりセキュリティや内部統制を強化できることもメリットの一つです。**

7-6

経理業務、財務業務の DX戦略のまとめ

積極的なDX対応を

これまで見てきたように、経理・財務業務は企業によって規模感はまちまちですが、法令や制度にもとづいた業務が多いため、標準化しやすいといえるでしょう。

そのため、会計ソフトをはじめ、各種システムが多数導入されており、競争も激しいことから、機能も日々強化されています。

他部門に比べてもツールの力を利用しやすい特徴があるため、**まずはシステム化を前提としたDX化を積極的に進めていきましょう。**

空いた人手をより高度な業務へ振り分ける

経済産業省で定める「デジタルガバナンス・コード実践の手引き2.0」を参照すると、まず初めにDXの定義について次のように記載されています。

「企業がビジネス環境の激しい変化に対応し、データとデジタル技術を活用して、顧客や社会のニーズを元に、製品やサービス、ビジネスモデルを変革するとともに、業務そのものや組織、プロセス、企業文化・風土を変革し、**競争上の優位性を確立すること**」

ここで重要なのが、文末にある「競争上の優位性を確立すること」です。

たしかに、DX化により業務効率化が進み、業務の省力化が実現するでしょう。ただし重要なのは、省力化された人手を、競争上の優位性を確立させるための価値ある業務に振り向けることなのです。

上記定義の文章にはさらに続きがあり、「DXは本来、データやデジタル技術を使って、**顧客視点で新たな価値を創出**していくことである」と記載されており、新たな価値の創出をめざしていくこと

が重要だと述べています。

　では、経理、財務のような定型業務で、どんな価値を創出すれば
よいのかと考える人も多いと思いますので、ここではそうした事例
を考えていきましょう。

　ここまでスムーズに物事は進まないかもしれませんが、**DX化に
より効率化した業務を、まずは少しずつ、よりよいものに変革して
いくという意識をもつことが何より重要です。**

①財務レポートの強化

　経理部門では、月ごとや四半期ごとに、経営層向けに財務レポー
トを作成しているところが多いでしょう。これまでは、日々の仕訳
入力等から、貸借対照表や損益計算書といった一般的な財務諸表の
提出にとどまり、会社全体の財務状況の分析まで実施してこなかっ
たかもしれません。

　システムの導入により、日々データが蓄積され、利用可能なデー
タも多様化していることでしょう。これまでとは違った切り口によ
るデータ分析や経営分析を行なうことで、経営層の意思決定に役立
つデータの提供が可能になります。

　このように付加価値の高いデータの提供が、企業の競争力強化に
つながっていくのです。

②資産マネジメントの強化

　財務部門では、先ほど紹介した資産管理システムを導入すること
で、企業全体の資産状況を俯瞰し、新たな視点による資産マネジメ
ントを行なうきっかけにもなるでしょう。

　たとえば、老朽化した保有資産を把握し、今後の更新コストや維
持管理コストを試算することで、資産の保有が適正か判断すること
ができます。単に施設や設備を管理するだけではなく、今後発生す
るコストや手間まで考慮することで、適切な資産マネジメントが可
能になり、ひいては企業の競争力の源泉となるのです。

システムを合わせるか、業務を合わせるか

　業務システムを導入する際は、一般的には現状把握として企業の業務フロー分析から始まります。

　経理部であれば、会計業務のフローをすべて洗い出し、この業務はデジタル化できる、あの業務はそもそも不要、などとシステム化要件を固めていくのです。

　以前は、企業ごとに個別の業務システム、いわゆるオンプレミス環境下でシステムを構築してきました。企業の業務システムに合わせているので、現在の業務フローも変える必要がないため、担当者にとっては利便性のよいものでした。

　一方で、システムはオンデマンドの特別注文ですから、費用はかなりかかります、システム構築だけでなく、日々の運用支援、法令改正に合わせたシステム更新など、ランニングコストも多大なものとなります。

　最近では、クラウド上で利用するSaaSといわれるシステム、簡単にいえばWeb上で操作が完結する業務システムが主流となっています。こうした業務システムには、パッケージとしてさまざまな機能があらかじめ備わっており、**パッケージをそのまま使えば、たいていの業務は対応が可能**です。パッケージを一部カスタマイズすることも可能です。

　業務分析の結果、この機能はパッケージ機能と合わないため、多くの費用をかけてカスタマイズするといったケースが起こりがちです。カスタマイズによって導入費用も余分にかかりますし、システム運用も通常より割高に設定されます。

　カスタマイズを行なうよりも、そもそもの**業務をブラッシュアップしてシステムに合わせることでコストも削減**できますし、結果的に業務効率化につながることも多いのです。

8章

情報システム、法務・知財業務の DX戦略

執筆 ◎ 渡辺　裕

情報システム業務のＤＸ化

 情報システム部の業務とは

本題に入る前に、本章のメインとなる情報システム部の業務についておさらいしておきましょう。

「情報システム部」は、社内のＩＴ専門家集団として、会社のＤＸ化を推進する担い手となります。ＤＸ化の重要性が説かれる現在では、非常に重要な役割を担う部署といえます。

情報システム部の仕事は多岐にわたりますが、会社のＩＴ戦略の立案、社内システムの導入、ＩＴインフラの管理、社員等のＩＴサポート、セキュリティ対策などが主なものとなります。

情報システム部は、社内の各部から独立した組織であることが多く、各部の利害を超えた全社的な視点をもつことができます。ＩＴ戦略の立案では、全社的視点からの経営課題にもとづき、それを解決するための戦略を立てることが求められます。

経営課題として、生産性の向上、競争力の強化、働き方改革の推進等があげられているとすると、全社的なＤＸ化の推進などは、まさに経営課題を解決するためのＩＴ戦略となります。

 全社的なＤＸ化をリードしていく

社長以下のトップマネジメントは、経営課題に頭を悩ましています。営業や生産等の現場では、アナログ仕事が多く、非効率な仕事で長時間労働に悩んでいるかもしれません。一方、ＩＴの進歩は著しく、経営や現場の悩みを解決するシステムも多く登場しています。

情報システム部は、**経営、現場、ＩＴシステムの橋渡し役**として、「全社的な課題は、このようなＩＴシステムを導入することで解決できる」ということを、わかりやすく社内に提案していきます。

◎情報システム部の業務とＤＸ化の推進◎

情報システム部の主な業務

● ＩＴ戦略の立案
● 社内システムの導入
● ＩＴインフラの管理
● 社員のＩＴサポート
● セキュリティ対策

経営課題の解決

● 営業力の強化
● 生産性の向上
● 競争力の強化
● 働き方改革
● 意思決定の迅速化

ＤＸ化
推進

　ともすれば、現場ごとに、バラバラにシステムを導入し、部分最適となっており、会社全体としてみると、効率が悪く、コスト増になっていることも多いものです。部分最適ではなく、**全体最適を見越して**、情報システム部はＩＴ戦略を立てます。戦略立案にとどまらず、具体的なシステム導入の推進、遂行、管理、保守、サポートなども情報システム部の範囲です。

　導入するシステムに関して、どのような機能、スペックが必要なのかのシステム要件をまとめ、ツールの調査・選定、外注・内製などの導入方針、スケジュール、費用、推進体制を踏まえて、全社的な合意を取ります。導入プロジェクトの実行管理をして、システムリリースまでが一仕事です。しかし、仕事はこれにとどまりません。

　導入したシステムのソフトウェア、ハードウェア、ネットワークなどは、維持管理やサポートが必要なものです。そのための、ＩＴインフラの管理や、サポートデスクの運営なども情報システム部の仕事です。

　昨今では、会社の顧客情報や個人情報などを狙ったネットワーク犯罪も多く発生しているため、セキュリティ対策も必須のものとなっており、これへの対応も必要となります。

　このように情報システム部の仕事は多岐にわたり、今後ますます負荷が増えてきます。こうした負荷に対応するためにも、**情報システム部の仕事自体をＤＸ化**していく必要が生じているのです。

8-2

社内システムのしくみと 導入のしかた

 社内システムの企画立案

　社内システムは、大きく「**基幹系システム**」と「**情報系システム**」の2つに分類できます。

　基幹系システムは、経営活動に直接関与するもので、重要度や導入障壁、コストが高くなります。たとえば、販売管理、在庫管理、生産管理、人事給与、財務会計などのシステムがあります。

　情報系システムは、経営活動に直接関与せず、比較的導入が進めやすいものです。たとえば、コミュニケーションツール、グループウェア、マーケティング・営業支援ツールなどがあります。

　基幹系システム、情報系システムなど対象システムにより、重要度やコストは変わりますが、「**企画→構築→導入→管理**」という流れに従って、システムが利用されていくことに変わりはありません。

　企画フェーズでは、まずは、**現状分析**が必要になります。営業の生産性を向上させたい、という経営課題がある場合は、実際に現在の生産性がどの程度のものなのかデータを収集して分析します。

　営業担当者の労働時間や労働時間配分、担当者別売上など客観的データを収集して、見える化し、どの部分をシステム化すれば効果が出るのか分析します。

　システム化の対象業務が定まったら、ツールを選定します。非常にたくさんのツールが存在するため、選定するのは大変ですが、ネットにはツールのランキング、評価や資料一括請求などができるサイトもあるので、それを利用するのもよいでしょう。ツールを選定する一方で、全社的な導入方針も明確にします。ツール単体ではなく、他のシステムとの連携も視野に入っている場合は注意が必要です。データ連携のための共通キーなどが必要になるからです。

◎社内システムと導入の流れ◎

社内システム
- 基幹系システム
- 情報系システム

| 企画 | 構築 | 導入 | 管理 |

　企画が定まってきたら、必ず機能、費用、スケジュールなどをドキュメント化して、経営層や利用部署など関係者の合意を取っておきます。ツールによってはデモ機能などもあるので、なるべく実際に見て、納得してもらいます。

 ## 社内システムの構築、導入、管理

　構築フェーズでは、システム構築プロジェクトを立ち上げることが多いです。プロジェクトには、情報システム部のメンバーの他、経営部門、利用部門、社外ベンダーなど多くの人が関わります。そのプロジェクト管理が肝要となりますが、人手では管理に限界があるため、市販のプロジェクト管理ツールを利用しましょう。クラウド型で、社内外の多くのメンバーで情報共有できるものもあります。

　導入フェーズでは、構築したシステムを利用部門の業務で使えるように教育する必要があります。勉強会を実施したり、マニュアルを作成したりの準備も必要ですが、動画が簡単に作成、公開できる時代でもあり、それを活用してもよいでしょう。システムの操作を実際に動画で撮影して、音声ガイドを入れ、社内ネットに公開すれば、利用者はいつでも操作方法を勉強できます。

　管理フェーズでは、システムを入れっぱなしではなく、利用状況を把握する必要があります。利用者からのアンケートなどもありますが、システムのログイン履歴、操作ログなどをデータで収集し、分析できるようにしておくとよいでしょう。利用状況は、関係者にフィードバックして、利用方法やシステムの機能改善につなげていくことができます。

ＩＴインフラの導入、管理

ＩＴインフラの導入

ＩＴインフラの導入、管理も情報システム部の重要な仕事です。

ＩＴインフラには、パソコン、サーバー、プリンター、ルーターなどのＩＴ機器、インターネット回線、ＶＰＮ等閉域回線、社内ＬＡＮなどのネットワーク、アプリケーションやストレージなどで利用するSaaS、IaaSなどのクラウドサービスがあります。

パソコンなしでは、仕事ができない時代なので、社員全員にパソコンを貸与している会社も多いですが、社員の私物パソコンを使う場合もあります。ただし、私物パソコンでは、アプリケーションやネットワークも私物になってしまい、会社のデータを扱ううえでは、セキュリティ上の脅威になるので、避けたほうがよいです。

会社貸与のパソコンが増えてくると、その管理が難しくなります。パソコンには、必ず管理ＩＤを付与し、利用者、機種、ＯＳ、インストール済アプリケーションなどをデータベース化し、いつでも参照できるようにします。ＯＳやアプリケーションのアップデートも必要になりますが、その方針や手順などは、**社内ネット上に公開し、利用者が参照**できるようにしておきましょう。

社内ネット上での操作ログも必ず保管し、何かトラブルが生じた際には、参照、分析ができるようにしておきます。

ＩＴインフラの管理

ネットワークも、業務上欠かすことができないインフラです。インターネット回線を社内ＬＡＮに直接つなげたり、ファイアウォール等のゲートウェイを通してつなげたり、多様な使い方があります。

インターネットは、オープンネットワークであるため、情報漏洩

◎ＩＴインフラの例◎

●機器	●ネットワーク	●クラウド
・パソコン ・サーバー ・ルーター ・プリンター	・インターネット ・ＶＰＮ ・社内ＬＡＮ	・SaaS ・IaaS

などのリスクも大きいので、ネットワーク管理においては、絶えず、ログ等を監視して、リスクを回避する対策を打っていかなくてはなりません。ログは膨大なものになるため、ログの収集、保存が自動的にできるツールも活用しましょう。

　また、ネットワークの技術の進展も非常に早く、安くて速い回線が次々に出てきますので、常日頃から情報収集し、定期的にネットワーク構成を見直すことも大切なインフラ管理業務です。

　クラウドサービスが大きく普及し、利用している会社も多いです。遠隔会議サービスやストレージ共有サービスなどは、必須のものになっています。手軽に利用できるので、いろいろなサービスに申し込んだり、ＩＤを追加したりしていきます。ただし、これらも管理しておかないと、会社全体としては、大きなコスト増を招きます。

　クラウドサービスは、定額のサブスクリプションサービスであることが多く、利用しなくても課金されてしまいます。社内で利用しているクラウドサービスを一括でデータベース管理し、利用状況も見ながら、利用頻度の低いものはＩＤを減らしたり、解約したりすることも必要になります。

　社内システムは属人化することが多く、担当者はわかるが、他の人はさっぱりわからない、という状況になりがちです。これでは、担当者がいなくなると、会社としては困ったことになります。システム構成図、ネットワーク構成図、社外ベンダー一覧、利用サービス一覧などは、図や表にまとめ、見える化しておきましょう。ネット上で共有し、変更があるたびに更新していきます。

8-4

サポート、セキュリティの管理

 ## 社内システムのサポートとIT資産の管理

　社員がシステムの利用を開始すると、社員にはシステムに詳しくない人も多いため、サポートが必要になります。社員がシステムの利用方法がわからないと当然、問い合わせが発生します。問い合わせ用の電話番号やメールアドレスを用意する必要がありますが、多くの社員から問い合わせが殺到すると情報システム部の負担が大きくなります。そうならないように準備しておきましょう。

　まず、準備すべきは「FAQ」です。よくある問い合わせは、あらかじめ、質問と回答という形でまとめ、社内ネット上に公開しておきます。社員に不明点がある場合は、まずFAQを見てもらい、それでもわからない場合にだけ、問い合わせしてもらうようにしましょう。FAQとあわせて、操作マニュアルや、操作動画なども公開しておけば、サポートの負担はさらに減ります。

　会社のパソコン、ネットワーク機器、ソフトウェア等はIT資産となり、管理が必要となります。管理台帳を作成するのが一般的ですが、紙ベースの台帳では、効率がよくありません。すべてのIT資産に**管理IDを付与したうえで、データベース化**しておきます。データベースにしておくと、検索も速くできますし、多くの資産の集計や帳票化も容易になります。

　定型的なサポートの他に、非定型的なサポートも発生します。たとえば、経営層や他部署からの「～に関するデータがほしい」などといった要望への対応です。これらも必要なデータの場所を調べたり、データを抜いて、CSV等のデータにして渡したりの仕事が発生します。対応履歴をファイルで管理し、共有しておけば、次回以降の対応の参考にすることができます。

◎サポートとセキュリティ対策の体制づくり◎

●サポート ・問い合わせ対応 ・マニュアル、動画 ・ＦＡＱ ・ＩＴ資産管理	**●セキュリティ対策** ・対策ツール導入 ・社員教育・訓練 ・インシデント対応

 セキュリティ対策の必要性

　システム化、ネットワーク化が進むにつれ、社内データの情報漏洩リスクが増大します。ランサムウェアなどの標的攻撃にあえば、多額の費用が発生する場合もあります。セキュリティ対策をしっかりしておくことは、非常に大切な業務となりました。

　日常から、セキュリティに関する情報を収集し、適切な対策ツールやソフトウェアを導入しておきましょう。**社員教育も必要**です。

　標的型メールは、社員のメールアドレスに直接送られてくるため、引っかかってしまうケースが多いのです。日頃から、標的型メールに関する注意を喚起し、標的型メールの見分け方や、不用意にリンクが張られたＵＲＬをクリックしないなどの教育を行なっておきます。情報システム部から、訓練用のメールを社員に送付し、実践的な回避方法を日頃から体験してもらうことも効果的です。

　いくら気をつけていても、セキュリティインシデントは起こりうるものです。社員が顧客データの入ったＰＣや外部メモリを社外で紛失してしまうこともよく起こります。インシデントが起こったら、最優先で対応していかなければいけませんが、そもそも起こらないように社内のルール化を行なっておきます。顧客データを社外に持ち出さない、ハードディスクは暗号化するなどです。

　インシデント発生時に迅速に対応するためには、判断や指示を仰ぐ体制もつくり、徹底させることが必要です。

8章

情報システム、法務・知財業務のＤＸ戦略

153

8-5

法務業務のDX化

 法務部の業務の特徴

会社が事業をしていくなかで、法律は避けては通れません。他の会社と契約を締結したり、新規事業で必要となる契約書をチェックしたり、さらには、法律トラブルに巻き込まれて対応を余儀なくされることもあります。こうした、法律関係の仕事を専門的に実施するのが法務部です。

契約を締結する場合、まずは、契約書のレビューが必要となります。弁護士に依頼することになりますが、顧問弁護士がいる場合は、手続きは比較的簡単です。しかし、顧問弁護士がいない場合は、弁護士を探して、契約の背景を説明し、契約書のレビューをお願いするという形になり、時間も手間もかかります。英語の契約書であれば、さらに大変です。

最近では、**AIを活用した契約書レビューサービス**が多く利用されるようになってきました。契約書をアップロードすれば、AIが自動的にリスクを洗い出し、指摘してくれます。知識や経験がなくても、チェックすべき部分を確実に把握できるようになります。

これらのサービスを活用すれば、業務効率は向上しますが、あくまでもAIによる参考レビューなので、リアルな弁護士の活用と組み合わせて、時間や労力の削減を図るとよいでしょう。

レビューが終われば、実際の契約締結となります。従来は、紙の契約書を用意し、契約相手と相互に確認、押印し、保管するという流れでした。紙を使うので、事務処理や保存、管理に時間と手間がかかります。

◎法務ＤＸのイメージ◎

法 務		ＤＸ化
●事業視点	●契約書レビュー ●契約締結 ●トラブル案件対応	●ＡＩレビュー ●電子契約 ●案件管理
●弁護士との連携		

 ## 電子契約の普及

　電子署名法、電子帳簿保存法などの法環境の整備が進み、**電子契約**が普及してきました。電子契約とは、合意成立の手段として、通信回線による情報交換を用い、合意成立の証拠として、電子署名やタイムスタンプを付与した電子ファイルを利用するものです。

　電子ファイルであれば、印紙税がかからず、コスト削減になるほか、契約のための時間が大幅に削減でき、保管、管理も容易になるなど、メリットが大きくなります。

　電子署名サービスは多く存在しますが、費用や使い勝手のほか、契約書の改ざん対策の有無なども考慮しながら選定しましょう。

 ## トラブルになったときの対応

　事業をするうえで、トラブルは付きものです。トラブルによって、相手を訴えたり、逆に訴えられたりの事例は多いものです。そのつど、弁護士に相談しながら、トラブル対応をしていかなければなりません。

　トラブル案件が増えてくると、案件ごとの管理や関係者の情報共有が難しくなってきます。担当者の記憶や紙による管理で、ヌケやモレが発生すると、さらにトラブルの状況を悪化させてしまいますが、法務案件をクラウド上で管理するサービスも出てきました。

　案件ごとの情報を一元管理し、案件の経緯もシステム上に集約して、容易にデータ分析・検索することができます。案件や関係者が多い場合には、こうしたサービスの利用も検討しましょう。

8-6

知財業務のＤＸ化

知財に関する業務とは

社会全体の意識の高まりから、知的財産（知財）に関する業務を行なう知財部の重要性が増しています。競争の激しい時代なので、自社の知財を活用、保護していくことは、必須のこととなりました。

知財部は、自社の知財を活用するための知財戦略を立案し、権利を保護するための**知財４法**（特許法、実用新案法、意匠法、商標法）の権利化を進め、権利を管理するのが主要な業務となります。

法務と似ていますが、法務は事業寄りで、弁護士との連携が主であるのに対し、知財は技術寄りで、弁理士との連携が主となります。

知財戦略を作成するには、事業戦略を踏まえたうえで、自社に眠る知財を発掘する必要があります。知財は、研究、開発、生産、商品企画、営業推進など、社内の現場に散在しています。現場担当者の知財に関する意識は必ずしも高くないため、知財部から積極的に現場に働きかけていかなければなりません。

会社の知財を発掘するためには、現場との情報共有、コミュニケーションが大切になります。知財部で作成した知財戦略を公開したり、現場の知財候補情報を共有したりできるしくみを社内ネット上に構築することもできます。

また、知財に関する意識を高めるために、動画を使ったeラーニングを実施することも有効です。収集した知財情報はデータベース化し、関係者と共有しておけば、会社の財産になります。

権利化する知財が決まってきたら、現場に「**発明提案書**」を作成してもらい、弁理士に相談することになります。発明提案書は初心者でも作成できるように、あらかじめ雛形を作成しておいて、記入例も添えて公開しておきます。

◎知財ＤＸのイメージ◎

知　財		ＤＸ化
●技術視点	●知財戦略	●情報共有
	●権利化	●ワークフロー
●弁理士との連携	●知財活用	●知財管理・検索

　発明提案書は弁理士に見せて、特許等の出願申請書類を作成してもらい、出願となります。情報連携が円滑にできるよう、出願者、知財部、弁理士の手続きをワークフロー化し、ネット上で連携できるようにしておけば、出願の手間や時間を大幅に減らせます。

 ## 知財の管理業務

　知財が権利化できたら、知財の管理が必要になります。これも紙ベースでは、保管や検索が大変なので、データベース化して、電子的に保管、検索ができるようにしておきましょう。知財管理ができるクラウドサービスも存在するので、活用できれば、運用が簡単になります。

　知財は従来、技術が中心で、特許が主に重視されてきましたが、最近では、技術だけではなく、営業秘密、意匠、商標、ノウハウなどを組み合わせた知財が注目されるようになりました。こうした知財は、世界も視野に入れると膨大なものになります。世の中にある知財を視野に入れながら、知財戦略、知財の権利化をしていかなくてはなりません。

　特許庁が、特許情報プラットフォームを作成して、ネット上に公開しています。これを使えば、知財４法のそれぞれで、キーワードを入れて、関連する知財を検索することができます。こうしたツールを知財部のみならず、関係者で活用できるようにすれば、会社全体の知財活用に結びつきます。

情報システム業務などの
ＤＸ戦略のまとめ

情報システム部門のＤＸ戦略

　本章では、本社組織である情報システム部と法務部、知財部の業務とＤＸ化について説明してきました。

　情報システム部は、ＤＸ戦略を立案、導入するキモとなる部門です。経営課題を解決するためのＤＸ導入は、難易度が高いうえに、スピードが重視されることも多いため、負担が大きくなります。

　一方で、既存の社内システムやＩＴインフラの管理、社員サポート、セキュリティ対策などの業務は多忙を極めるため、ＤＸ化に対応するための人材や時間を割り当てることも十分にはできません。

　情報システム部の業務こそ、ＤＸ化して効率化したいのですが、営業や生産現場のように、担当業務に特化した専門のＩＴツールは多くありません。汎用性の高いＩＴツールをうまく工夫しながら、使っていくことになります。

　情報システム部は、ＩＴのプロ集団ともいえるので、ＤＸ化は真っ先に進むようにも見えますが、各人の通常業務に追われ、部門全体でのＤＸ化までは、発想がなかなか及ばないことも多いものです。全社ＤＸを進める機会に、自部門のＤＸ化を考えてみてもよいでしょう。

　情報システム部の業務は、**属人化しやすい**ものです。担当者それぞれで、担当するシステムが違い、他の人が担当しているシステムはブラックボックス化してしまうのです。

　外部ベンダーを利用している場合は、システムを理解しているのが、外部ベンダーのみ、という状況を招くことも多く、ベンダーロックイン（他のベンダーに切り替え不能の状態）に陥り、ベンダースイッチも難しくなります。転職等、社員の移動が多い現在では、

どうしても避けたい状況です。

　システムの属人化を防ぐためには、システム情報の共有化が必須のことになります。以前であれば、紙の分厚いドキュメントを整備、参照する必要がありましたが、いまは、社内ネットやグループウェアなど、情報共有環境が大幅によくなっているので、電子データを使って情報共有することができます。システムに変更があっても、そのつど、電子データで変更履歴を管理しておけばよいのです。

　このデータ蓄積が、企業価値を生み出す原動力となります。

法務部門、知財部門のＤＸ戦略

　情報システム部と同じ、本社オーバーヘッド組織として、法務部、知財部の業務とＤＸ化についても本章で触れました。

　法務部は法務案件、知財部では知財案件を担当しますが、業務内容がきわめて専門的で、社内でも有数のスペシャリスト集団といえます。

　それだけに、少人数で多くの案件に対応していく必要があります。特に、現在の社会では、法務、知財がらみの相談が事業部門から多く寄せられるため、担当者の負荷が大きくなってしまいます。

　法務部、知財部ともに、ＤＸ化による業務効率の向上が期待されるわけですが、情報共有するためのツールも増えているため、改善できる業務も多くなっています。ネットで利用できる外部サービスもあるため、小さく使い始めることができます。

　現場でのＤＸ化がいわれることが多いのですが、本章で述べたような本社組織のホワイトカラーの生産性向上もきわめて重要になってきています。全社ＤＸ化を進めるうえでも、忘れてはならないテーマなのです。

ＰｏＣとは

　ＤＸを実施する際は、新しい技術やアイデアを盛り込むことも多いです。その際に、具体的なイメージがないまま、費用と時間をかけて導入を進めてしまうと、導入後に「こんなはずではなかった」という事態になりかねません。

　本格的に導入する前に、新しい技術が本当に効果があるのか、新しいアイディアは本当に価値があるのか、などを検証するPoC（Proof of Concept＝概念実証）という進め方があります。試作の開発前にデモンストレーションを繰り返し、技術的な効果を検証したり、課題を抽出したりすることができます。

　ＩＴを使った新しいビジネスやサービスを開発する現場で、PoCは盛んに用いられるようになっています。まずは、目に見えるものを簡単につくってみて、実際に使ってみることで、改善点を明確にし、完成度を上げていくアプローチです。

　ＩＴ化のリスクを減らし、本当に効果のあるものにできる、という点で、業務ＤＸの現場でも使われてきています。

　ただし、PoCに取り組むにあたっては注意も必要です。簡易に検証できるのはよいのですが、何度も検証を繰り返すだけで先に進まずに、コストだけが消費される事態を招くこともあります。このような状態を「PoC疲れ」といいます。

　「PoC疲れ」は、PoCで検証したいゴールが不明確なことから起こります。あらかじめ、PoCで最低限検証したいことをゴールとして決めておき、それが達成できたら次の段階に進みましょう。

　PoCでは、「これが確認できれば十分」という割り切りも必要です。

9章

工場、物流など
現場業務のＤＸ戦略

執筆 ◎ 渡辺　裕

現場業務のＤＸ化

 現場業務の特徴と課題

オフィスは、ＰＣやネットの利用が当たり前になっており、ＩＴの活用も進んでいます。

一方、店舗や工事現場、倉庫などのフィールドは、ＰＣなどのＩＴ活用が難しく、紙と電話の利用が中心となり、効率の悪い業務を余儀なくされてきました。

いま、少子高齢化もあり、現場の要員の人手不足が問題となっています。ただでさえ効率の悪い業務になっているのに、人手不足も加わると、現場の要員の作業負荷が増し、劣悪な労働環境を生んでしまいます。

現場は、お客様サービスに直結する部門なので、サービスレベルの低下は、お客様離れにつながります。

 「現場ＤＸ」の効果とすすめ方

現場の作業効率やサービスレベルを上げることは、喫緊の課題になっていますが、いまは、ＩＴ技術や機器の進歩が著しく、ＩＴを活用することで、「**現場ＤＸ**」として課題解決できる例が増えています。

スマホ、タブレット、ネット、クラウド、カメラ、動画などのＩＴ技術の活用は、現場ＤＸの実現を大きく後押ししてくれます。

スマホ、タブレットで情報を参照し、作業記録等を入力することができれば、紙をなくすことができます。ネットやクラウドで、本社等と情報を共有することで、電話をなくすこともできます。

現場の様子をカメラで撮影し、作業記録に保存することもできます。作業日報作成の手間も、大幅に削減できます。

◎現場DXのイメージ◎

現　場	IT技術	DX化
●人手不足 ●紙と電話 ●サービスレベルの低下	・スマホ　・タブレット ・ネット　・クラウド ・カメラ　・動画　etc.	●ペーパーレス ●情報共有 ●業務効率化

　また、作業手順などは、動画に録画しておき、共有、参照することもできます。これにより、経験の少ない作業者でも、一定レベルの作業ができるようになり、顧客へのサービスレベルの低下を防ぐことができます。

本社の管理業務も改善

　現場DXが進むことで、本社の管理業務も改善できます。

　現場とネットで情報共有できるので、リアルタイムで現場の様子がわかります。紙の報告書がなくなるので、いつでも必要な情報を検索して、参照できます。

　現場で起きるさまざまな問題や解決方法も共有できるようになり、組織としてノウハウを活用できるようになります。

　このように、現場DXは、作業現場や管理部門の業務効率を飛躍的に向上させ、人手不足に対応できるうえ、サービスレベルも上げていくことができます。スマホやタブレットを誰もが持つようになった時代なので、まさに、**現場DXを進める大きなチャンスが到来**している、といえます。

　本章では、現場DXを進める現場として、店舗、工事現場、物流、コールセンター、保守サービスを取り上げ、それぞれについて、いかなるDXが可能なのか、次項以降で説明します。

9-2

店舗のＤＸ化

 店舗の現状と課題

　小売店、飲食店など店舗の経営環境は厳しくなっています。人手不足、最低賃金の上昇、物価高、商圏人口の減少、競争の激化などなどが原因です。従来どおりの店舗運営をしていては、存続が危うい状況になっています。少ない人員で、コストを下げながら、売上や利益の向上を図っていかなくてはいけません。

　一方で、ＩＴ技術の進歩により、店舗まわりで活用できるＩＴ機器やサービスも増えています。これらを活用して、**「店舗ＤＸ」を実現し、店舗経営を改革していけるかどうか**が、存続、成長のカギになっています。

 店舗ＤＸのポイント

　スマホやタブレットが普及し、ほとんどの顧客がスマホを利用している時代です。スマホ、タブレット、ネット、クラウドなどを利用することで、大きな費用をかけなくても、店舗ＤＸを推進できます。いきなり大がかりなことをするのではなく、**できそうなところから少しずつＩＴを導入していく**ことがポイントです。

　小売店舗では、「オンライン接客」「タブレットを使ったＰＯＳ」「在庫管理」などがあります。**オンライン接客**は、スマホで顧客と接客できるもので、顧客が店に足を運ばなくても買い物ができます。実物をカメラで見て、リアルタイムで商品説明を聞けるので、単なるネットショップよりは、売上増が期待できます。顧客を実店舗に誘導することもできるでしょう。**タブレットを使ったＰＯＳ**は、既存のタブレットにアプリを入れれば、簡単に実現できるものです。費用も安く、場所も取りません。在庫データと結び付けて、受発注

◎店舗ＤＸのイメージ◎

店　舗	ＩＴ導入	ＤＸ化
●人手不足 ●物価高 ●競争激化	・オンライン接客 ・タブレットＰＯＳ ・キャッシュレス決済 ・ＳＮＳプロモーション	●業務効率化 ●売上増 ●ミス減少 ●新規顧客開拓

できるようにすれば、**在庫の圧縮**にもつながります。

　飲食店舗では、顧客によるスマホやタブレットでの注文、キャッシュレス決済などが普及してきました。店舗内で、顧客が自分のスマホから注文できるので、オーダーミスが減り、ホールの接客も省力化できます。外国語のメニュー表示もできるので、インバウンド対応もできます。キャッシュレス決済も、小型で安価なキャッシュレス端末が出てきているので、導入の障壁は下がっています。現金を持ち歩かない顧客も増えていますので、そうした顧客のためにも、キャッシュレス化は必要になっています。

　集客のため、**店舗プロモーション**も重要になっています。特に、ＳＮＳを利用している顧客も多いので、ＳＮＳで顧客とつながりながら情報を発信し、ファンを増やしていくことは、当たり前のプロモーションになりつつあります。

　液晶パネルも大型で安くなっていることから、店舗の外に液晶パネルを置き、デジタルサイネージで集客を図る店舗も増えています。大型のものであれば、テキストメッセージだけでなく、画像や動画も表示できるので、店舗周辺の顧客のアイキャッチを増やし、店舗への誘導を図ることができます。

　顧客の囲い込みのためのポイントサービスも導入しやすくなってきました。スマホアプリとクラウドを組み合わせた、店舗向けのサービスが多数出ています。ポイントが当たり前の時代になったので、競争力を高めるうえでは、ポイントサービスの導入も検討が必要になります。

9-3

工事現場のＤＸ化

工事現場の現状と課題解決

　建設業の工事現場を取り巻く環境は厳しいものです。人手不足、過重労働で働き方改革が迫られているほか、対面が前提の仕事で、生産性が低く、業務効率が悪い状況です。また、人材の高齢化が進み、属人的な仕事の後継ができず、事業承継の問題も出ています。

　このような建設業で抱える問題を解決するためのＩＴサービスや機器が多く出てきています。

　スマホやタブレット、ネット、クラウドが普及したことで、現場で活用する例が増えています。作業手順や、現場写真、作業報告等を関係者で共有し、お互いにサポートしていくことで、作業の効率化が図れ、属人化を防ぐこともできるようになりました。

　こうした機器の活用は、すでにあるものを活用することで始められるので、まずは、スマホを使えば何ができるか、を考えることが「建設ＤＸ」のはじめの一歩といえるかもしれません。

建設ＤＸのすすめ方

　ＡＩの技術も急速に進んできました。建設現場の画像や映像をＡＩで分析して進捗状況を見える化したり、建築物の構造設計の安全性を判定したり、職人の技術を解析してデータ化したり、といったＡＩ活用が進められています。属人化している仕事を見える化することで、事業承継の問題解決にも寄与します。

　ドローンも小型で安価のものが、手軽に入手できるようになりました。ドローンに搭載されたカメラで、空中から現場を撮影することができるので、測量等におおいに役に立ちます。人手で行なえば膨大な日数を要する多地点の測量データの取得も、ドローンであれ

◎工事現場ＤＸのイメージ◎

工事現場
- 人手不足
- 過重労働
- 高齢化
- 属人的な仕事

ＩＴ導入

・スマホ　・タブレット
・ＡＩ　・ドローン
・ICT建機
・BIM/CIM　・3次元データ

ＤＸ化
- 情報共有
- 属人化防止
- 効率・安全性向上
- 品質向上

ばすぐに取得できます。また、高所や斜面など危険が伴う確認作業についても、現場で目視する必要がなくなるため、従業員の安全を確保することができます。

　ＩＣＴ建機（マシンコントロールやマシンガイダンスの機能を搭載した建設機械のこと）も使われるようになってきました。建設機械をＩＣＴ化させることで、作業を機械やロボットに代替させることができます。

　従来の建設機械と比べて、初期投資が大きくなるというデメリットもありますが、ＩＣＴ建機を活用することで、熟練作業者の技術に依存しない、作業効率と安全性が高くなる、利益率が上がる、などの大きなメリットも得られます。

　費用対効果を検証したうえで導入の判断をすることになりますが、早期に導入することで、メリットを受ける期間も長くなるため、会社や現場の課題解決、体質改革の効果が大きくなるでしょう。

　ＢＩＭ／ＣＩＭ（Building／Construction Information Modeling）を活用してＤＸ化を進める動きもあります（国土交通省がガイドラインを作成しています）。

　従来、建設業では、２次元図面をもとに各種作業を行なってきましたが、２次元図面ではイメージが湧きにくく、紙ベースでもあることから生産性が低い状況でした。３次元データを活用することで、イメージ化が容易になり、デジタル化もできるので、各工程で関係者の情報共有や連携が進み、生産性や品質の向上が期待できます。

9-4

物流のＤＸ化

 物流業務の現状と課題解決

　物流業界は、配送を取り巻く環境の変化もあり、難しい課題を抱えています。ネットショップの普及により、小口の配送が非常に増えています。配送すべき荷物が増えるだけでなく、翌日配達などのスピードと即時性が求められるようになりました。受取人不在で再配達を強いられることも多くなっています。

　さらに、労働力不足も深刻です。運送業界全体でドライバーが不足しており、配送員１人あたりの負担は増える一方です。少ない荷物を高頻度で配送することから、荷主からの運賃も下がり、労働者は低賃金で長時間労働をすることになり、若年層が集まらず、高齢化が進んでいます。

　こうした課題を解決していくためには、ＩＴの活用による「物流ＤＸ」が不可避の状況となってきました。スマホ、ネット、クラウド、ＡＩ、ドローンなどＩＴ技術の進展はすさまじく、物流現場でも活用する事例が多数出てきています。

 物流ＤＸのすすめ方

　配送業務においては、動態管理システムや配送管理システムなどが活用されています。これらを用いることで、配送状況の見える化が可能になり、車両の現在地や状況などをリアルタイムに把握することができます。管理者は、そのときどきの状況に応じた適切な指示ができるため、より効率的に配送業務を行なえるようになり、少ない人員でも業務を遂行できます。

　倉庫業務は、荷受けや出荷などの際に事務処理が発生し、紙ベースの作業では大きな負担となっていました。倉庫現場で、スマホ、

◎物流現場ＤＸのイメージ◎

物流現場	ＩＴ導入	ＤＸ化
●人手不足	・スマホ ・タブレット	●情報共有
●小口配送	・ＡＩ ・カメラ ・ロボット	●属人化防止
●低賃金	・勤怠管理システム	●効率・安全性向上
●長時間労働	・配送管理システム	●品質向上
	・自動ピッキング ・RFID	

タブレット、ハンディターミナル、物流管理システムなどを用いることで、大幅に作業効率を向上させることができます。さらには、ＡＩを用いた倉庫状況のリアルタイムモニタリング、自動ピッキング指示、自動ピッキングロボットなどの活用も進んでいます。

ＲＦＩＤ（「Radio Frequency Identification」電波によってモノ、情報の保管、出力を可能にする技術）の活用も有効です。導入コストが高いのが難点でしたが、普及するにつれコストも下がってきました。電波を使うので、商品を段ボールに梱包したまま入庫処理や棚卸が可能になるため、人が関わる作業時間を大幅に短縮し、アナログ運用で起こっていた転記ミス、確認ミスも回避できます。

デジタルツールの活用により、**労働環境の改善**も期待できます。作業員やドライバーの労働時間や負担状況が、システムによって見える化できます。勤務状況の把握は、生産性の向上に欠かせません。働き方改革関連法により、2024年から時間外労働時間の規制が入ることから、いままで以上に効率よく配送することが求められています。

物流ＤＸとして、物流量の変動や最適な人材の配置をＡＩが予測し、それにより最適なシフトが作成可能になり、労働環境の改善につながった事例があります。

シフト作成担当者や現場監督者の負担が軽減され、各作業員の生産性向上も実現できます。人的リソースに余裕が生まれることで、人件費の削減も可能になります。

9-5

コールセンターのDX化

 コールセンターの現状と課題解決

コールセンターは、顧客との直接的な接点であり、企業イメージを左右するほど重要な役割を担っています。しかし、人材確保の難しさや離職率の高さ、慢性的な人手不足など、課題は少なくありません。人手が不足し、オペレーターへの教育が十分にできないと、応対品質が低下し、顧客の不満、クレームにつながります。

さらに、問い合わせ件数に比べ、十分に要員がいない場合、顧客の待ち時間の増加につながります。自動応答を導入しても、単調に繰り返される応答を不快に感じる顧客もいます。電話以外にも、メールやチャットなどでの問い合わせを求める顧客も増えています。

コールセンターはこうした課題を解決し、顧客満足度を向上させていかなくてはなりません。それには、コールセンターのDX化が不可欠の状況なのです。

 コールセンターDXのすすめ方

コールセンターのDXは、「顧客接点」「業務プロセス」「統計・データ」の3つの視点から考えることができます。

顧客接点のDX化には、顧客とコールセンターのコミュニケーションのデジタル化があります。具体的には、電話のみで行なっていたサポートをメールやチャットで対応する、FAQを充実させてユーザーの自己解決率を上げる、チャットボットの導入によりコミュニケーション自体を自動化させることなどがあげられます。

コールセンターでは、CTI、CRM、FAQシステムなどは従来から利用されてきましたが、顧客とのメールを管理するメール管理システムや自動でチャット対応ができるチャットボットなども利

◎コールセンターＤＸのイメージ◎

コールセンター	ＩＴ導入	ＤＸ化
●人手不足・高離職率 ●オペレーター教育不十分 ●サービスレベルの低下 ●クレーム発生	・CTI　・CRM　・FAQ ・メール　・チャット ・リモートコールセンター ・統計データ分析	●顧客満足度向上 ●応対品質向上 ●購入率向上・解約率減少 ●オペレーター教育強化

用されるようになってきました。

　業務プロセスのＤＸ化は、顧客接点のコミュニケーション業務の要員が不足するなか、いかに応対品質を落とさずに、コールセンター業務を運営していくかを考えることから出発します。

　在宅勤務による「リモートコールセンター」の事例も出てきましたが、これには、顧客管理システムのクラウド化や、バーチャルデスクトップのリモート化など、どこにいてもカスタマーサポートができる環境を構築していく必要があります。

　統計・データのＤＸ化によって、サービスレベルや顧客満足度の向上に結び付けることができます。カスタマーサポートの対応データを蓄積・分析するしくみをつくることで、オペレーターなど顧客対応に携わる人材を適切に教育・評価することが可能となります。

　さらに、問い合わせ内容や対応への顧客評価などから、商品品質や応対品質の向上につなげることができ、継続的に評価していくことで、業務をさらに改善していくことができます。購入率や解約率などの客観的指標も得ることができ、事業運営上、貴重なデータとなります。

　コールセンターのＤＸ化によりデジタル化を推進するのは、生産性を高めるうえでは必要なことです。しかし、すべての顧客がデジタル化を望んでいるわけではありません。血の通った人間に応答してほしい、というアナログ接点を強く望む顧客も少なからず存在します。コールセンターのＤＸ化は、デジタルとアナログのバランスを取り、顧客の声に耳を傾けながら進めていかなくてはなりません。

9-6

保守サービス業務のＤＸ化

 保守サービスの現状と課題解決

　モノが売れない時代となり、売って終わりではなく、売った後の保守サービスが、顧客接点として非常に重要な業務になってきました。しかし、保守サービスを担う人手は十分とはいえず、専門技術を要するため、技術、ノウハウの継承も難しい状況にあります。

　こうした状況下でも、保守サービスを効率化し、さらには、収益化していくためには、保守サービスのＤＸ化が不可欠です。

　保守サービスを効率化するためには、スマホ、保守情報共有ツールを用いたＤＸが有効です。スマホが普及し、保守要員も常に携帯しています。スマホから、保守情報共有ツールにアクセスし、訪問先のスケジュール、顧客情報、設備情報、故障情報などを取り出し、現場に向かうことができます。

 保守サービスＤＸのすすめ方

　現場では、設備の故障や修理の状況をカメラで撮影し、共有することができます。作業後の報告書も紙で作成していましたが、スマホに必要事項を入力して、簡単に済ませることができます。面倒な作業後の報告の時間が短縮できるので、多くの現場を回ることができます。報告書の内容は、情報共有ツールにより保守チーム内で共有され、相互にコメント入力もできるため、技術、ノウハウも共有されます。

　保守チームのマネージャーは、情報共有ツールから、保守要員の稼働状況が参照でき、離れていても、タスクの振り分けや、出退勤の管理、交通費の精算などができるようになります。

　予防保全、リモート保守への取組みも必要になってきました。故

◎保守サービスDＸのイメージ◎

保守サービス	ＩＴ導入	ＤＸ化
●人手不足 ●ノウハウ継承困難 ●重要な顧客接点	・スマホ　・クラウド ・保守情報共有ツール ・故障センサー	●情報共有 ●作業負荷軽減 ●予防保全 ●リモート保守 ●保守サービス商品化

障してから修理をするのではなく、修理の兆候が出た段階で対策を打ちます。また、現場に出かけなくても、会社や自宅からリモート作業で修理します。

　ネットが普及してきたので、こうした業務改革へのハードルは下がっています。顧客の設備にセンサーを付けて、ネットを介して、定期的に故障監視をしておきます。故障アラートが出てきたら、リモートで修理作業ができます。ＩＴ機器やソフトウェア制御の機器であれば、さらに修理できる範囲が広がります。また、リモートで状況を確認したうえで、修理部品を発注、手配できるので、ムダや部品在庫が削減できます。

　保守サービス自体を"商品"としてビジネス化する「攻め」の保守サービスの取組みは、サービスの収益化には必要です。リモートで収集した設備の稼働情報を蓄積し、故障の予兆を抽出できるようにします。故障予兆のあった段階で、顧客にコンサルティングや提案型セールスを実施することができます。

　定額メンテナンスサービスや、故障が少なく性能がよい新型機種などの提案が、顧客に先手を打って実施できるのです。これにより、保守サービスを、単なる故障対応ではなく、新たな営業チャネル、収益源とすることができます。

　保守運用サービスに関するＩＴサービスは、クラウド型で導入しやすいものも増えてきているため、スマホと組み合わせて、まずは、できることからやってみる、という姿勢で取り組むとＤＸ化が進みます。

9-7

現場業務のＤＸ戦略のまとめ

 ### 現場共通の問題点

現場ＤＸとして、店舗、工事現場、物流現場、コールセンター、保守サービスでいかなる課題があり、どのようなＤＸ化が可能なのかを説明してきました。

少子高齢化による人口減少で、人手不足、技術伝承、長時間労働、低賃金などは、どの現場にもある共通課題となっています。

一方で、現場は直接の顧客接点であり、企業イメージに直結します。市場の成熟化で、顧客の目も肥えてきているため、現場のサービスレベル向上が強く求められています。

人手が足りないなかで、さらなる品質向上が求められ、負荷が増大するので、現場は疲弊してしまいます。まさにブラック職場と化してしまい、離職率も高い状況です。

この状況では、どうしてもＤＸ化による業務改革が必要となるのです。しかし、疲弊した現場では、ＤＸ化を図る余裕もなく、相変わらず、アナログ業務を続けているところも多いようです。

 ### 中小企業のＤＸ化はスマホの活用から

現場業務のシステム化は、以前であれば、費用も時間も膨大なものになり、大企業でなければ、進まない状況もありました。しかし最近では、スマホを誰もが持つ時代となり、ネットやクラウドサービスも便利で使いやすくなっています。

中小企業の現場でも、ＤＸ化を図れる環境が整ってきました。だからといって、どこから手をつけてよいのかわからない、という現場も多いでしょう。そんなときは、手元にスマホがあるはずなので、まずは、スマホで何ができるかを考えてみましょう。

スマホは、メール、チャット、スケジューラー、地図などいろんなアプリが使えます。内蔵カメラで、写真や動画の撮影も簡単にできます。

これらに、定額制のストレージやコミュニケーションなどのクラウドサービスを組み合わせれば、いろんなことができるようになります。まず、**いまあるもので工夫してみる**、という姿勢が現場ＤＸの第一歩なのです。

現場ＤＸの地道なすすめ方

さらに進んで、現場業務に合わせた専門のシステムやツールも各種提供されているので、活用を考えます。ネットで調べると、いろいろなツールやベンダーが検索できるので、情報収集をしていきます。デモを見たり、ベンダーに相談したりしながら、自分の現場にもっとも適したシステムを決めます。

システムが決まったら、導入となるわけですが、これも、いきなり大がかりな導入をするよりも、様子を見ながら少ずつ導入していきましょう。こうすることで、リスクやコストを抑えて、自社に最適な現場ＤＸが実現していくのです。

現場ＤＸには人材育成の効果も

ＤＸは現場主導となるため、一連のＤＸ化の経験は現場の財産となります。スマホ、クラウド、システムに詳しい人材が育つチャンスでもあります。

ＤＸは、業務改革による課題解決の側面が大きいのですが、人材育成の機会になるという側面も見逃すことはできません。

ペーパーレス化の必要性

　ＤＸを進める第一歩は「ペーパーレス」である、といわれます。

　たしかに、紙ベースで仕事をしている現場は、まだまだ多く、リモートワークが普及しつつあるなかでも、紙による資料や書類を取り扱うためだけに出社しているケースもあります。

　紙ベースの仕事を続けているのには、理由があります。まず、デジタル化は、新たなシステムや端末を導入する必要があり、費用がかかります。

　従業員間でのＩＴリテラシーの差も存在します。ＩＴに慣れている社員もいれば、「電子データよりも紙のほうが扱いやすい」と感じる社員もいます。

　システム障害を懸念する場合もあります。紙の文書を電子化した場合、システム障害でデータが失われ、利用できないなどのトラブルに対する懸念です。

　しかし、こうした理由で、紙ベースの仕事を続ける時代はそろそろ終わりです。スマホ、ネットやクラウドの普及で、ＩＴ導入のコストが大きく下がっているうえ、国等の補助金も活用できます。スマホはＩＴに慣れない人でも使っています。電子データも確実に簡単にバックアップが取れます。

　このような時代の流れに乗って、ペーパーレス化を進めている企業は、大きく増えてきています。その結果、コストの削減、業務の効率化、働き方改革への対応、企業イメージの向上など、大きなメリットを受けることができるようになりました。ペーパーレスを進めていない企業との格差が生まれているのです。

　企業として生き残るためにも、ペーパーレス化は必要な時代といえるでしょう。

経営のＤＸ戦略の
考え方・すすめ方

執筆 ◎ 渡辺　裕

経営戦略とDX戦略

DX戦略とは何か

DX化は、スピードが重視され、ともすると、社長の思いつきで「まずやってみろ」という形で始まるケースがあります。

スピード重視はよいのですが、思いつきで取り組んだ場合は、情報も少なく、体制も確立されていないので、試行錯誤の連続となり、現場が疲弊することがあります。結局、「DX化は無理だ」「DX化は必要ない」という結論に達してしまうと元も子もありません。

やはり、戦略性をもたせて、DX化に取り組んだほうが、結局は、速く確実に、DX化を成功に導くことができます。それでは、「DX戦略」とは何でしょうか？

戦略というと「**経営戦略**」を思い浮かべます。経営戦略は、企業全体の中長期的な方向を示すものです。内部環境、外部環境の分析をもとに、自社の強みや市場の機会を導き出し、自社が成長できる方向、進むべき方向をまとめて作成していくことが多いです。

DX戦略は、もちろん、経営戦略を反映したもので、リンクする必要はありますが、出発点は、**経営課題の解決**です。

経営課題は、経営戦略を実行するうえでの課題となるものです。たとえば、経営意思決定の迅速化、営業力の強化、製品の競争力向上、現場の生産性向上、本社の省力化などがあります。

これらの経営課題を解決するために、DX活用の方向や目標を定める必要が生じますが、これが「DX戦略」といえます。

DX戦略の取り組み方

経営戦略が策定されていて、経営課題が明確な場合は、それに沿ってDX戦略を作成すればよいのですが、経営戦略が明確でない場

◎DX戦略の位置づけ◎

経営戦略	経営課題	DX戦略
●全社の方向性 ●内部環境分析 （強み・弱み） ●外部環境分析 （機会・脅威）	経営戦略を実行する際の課題。営業力強化・競争力強化・生産性向上・人材活用など	●DX化による経営課題解決 ●DX活用の方向と目標 ●全体と部分・攻めと守り

合は、経営戦略も考える必要があります。その場合は、経営戦略の策定に合わせて、経営課題を抽出したうえでDX戦略を作成していきます。

　DX化はもちろん速く導入されるのが望ましいのですが、いきなり現場の社員がDX化に取り組むのは、好ましくありません。現場それぞれで、バラバラにDX化を図る場合は、システムが乱立し、部分最適の集合となり、会社としては全体最適とならず、かえって、効率や生産性が落ちてしまいます。

　やはり、まず会社全体のDX戦略をつくって、それに沿った形で、部門や現場でDX化に取り組みたいものです。

「攻めのDX」と「守りのDX」

　DX戦略を考える際の切り口として、「攻めのDX」「守りのDX」という考え方があります。**攻めのDX**は、イノベーションを通して市場の開拓などをめざすもので、**守りのDX**は、社内の業務効率化などに焦点を当てるものです。

　DX戦略は、全体と部分、攻めと守りのバランスを見ながら、自社にとって、進むべき方向、やりやすい方向をまとめていくことで、効果や実効性が高いものとなります。

179

課題抽出と分析のしかた

 経営課題を抽出する方法

　「**経営課題**」は、経営戦略の視点から導き出されるものです。通常は、経営戦略、中長期事業計画として、社長が株主総会等でステークホルダーに説明します。この際に「**事業計画書**」が使われます。この事業計画書に経営課題が明記されていればよいのですが、書かれていないこともあります。

　ＤＸ化の推進役となった担当者は、まずは、事業計画書に目を通し、経営戦略を理解したうえで、経営課題を確認します。課題の記述の有無にかかわらず、経営課題について、社長以下経営陣の意識をヒヤリングしておきましょう。計画書の文言だけでは、背景がわからず、見当外れの解釈をしてしまう可能性があるからです。

　実際に社長等にヒヤリングしてみると、会社の本当の問題意識が見えてきます。

　たとえば、「モノが売れず、売上が落ちている。利益の確保もままならない状況だ。モノを売るために、営業を強化しなくてはならない。商品力も高めなくてはならない。仕事の効率が悪く、人件費がかさんでいる。効率を上げて、費用を減らさなくてはならない。そもそも、現場からの情報がわからない。これでは、迅速な意思決定ができない。会社は危機的な状況だ」などといった思いです。このヒヤリングから、経営課題は、「営業力の強化」「商品の競争力向上」「現場の生産性向上」および「本社の省力化」「経営意思決定の迅速化」などと抽出することができます。これが出発点です。

 経営課題を分析する方法

　経営課題が抽出できたら、課題の個々について分析します。経営

◎課題分析の流れ◎

経営課題の確認

●中長期事業計画
●社長ヒヤリング

部門課題の分析

●部門課題の背景
●現場の状況・意見
●ＤＸ解決の方向性

　課題は、全社的な大枠の視点なので、そのままでは、ＤＸ化による解決策に結びつけにくい場合があります。たとえば、「営業力の強化」といっても、どこをどう強化すべきかわからないからです。

　この場合は、営業部門の意見を聞いて、なぜ、モノが売れないのか、営業のどの部分を改善すれば、モノが売れるようになるか、などを確認します。

　営業部門の管理層から「案件ごとの管理ができておらず、担当者まかせになっている」、社員からは「報告や事務作業に時間を取られ、顧客を訪問する時間が取れない」などのコメントがある場合は、「案件管理ができない」「営業事務が負担になっている」などの部門課題が浮かび上がります。

　このように、部門レベルの課題まで分析して、やっとＤＸ化による解決策の方向が見えてきます。たとえば、ＳＦＡの導入による案件管理と事務稼働の削減、ＣＲＭ導入による営業効率の向上などです。他の経営課題も同様に、部門と現場でヒヤリングを行ない、ＤＸ化の課題を分析し、解決策の方向を探ります。

　一通りの課題抽出、分析が終わったら、優先順位をつけます。すべての課題を同時に解決することは難しいからです。さらに、分析結果、解決策、優先順位について、社長や部門関係者と、すりあわせをしましょう。

　ここで合意を得ることで、ＤＸ戦略として取り組む方向が明確になります。

10-3

戦略立案、目標の設定のしかた

ＤＸ化基本方針の策定

　経営課題の抽出・分析を経て、ＤＸ戦略の立案・目標の設定となります。

　ＤＸ戦略は、会社としての大枠の方針を決め、経営課題を部門課題にブレイクダウンして、ＤＸ化による解決策と目標、スケジュール、体制、費用などをまとめます。

　会社としての方針には、経営戦略と経営課題、問題意識、ＤＸ化基本方針などがあります。経営戦略と経営課題については前項で説明したとおりですが、**問題意識**は、社長や部門とのヒヤリングで得られた関係者の意見や意欲です。思いを記述しておくことで、ＤＸ戦略の背景がわかりやすくなり、関係者の共感が得られるようになります。

　ＤＸ化基本方針とは、いきなり大がかりに取り組むのか、あるいは、まずは小さく始めるのか、そして現在の業務をＩＴ化するのか、あるいは、ＩＴに合わせて業務を変えるのか、などのＤＸ化の進め方です。

　ＤＸ化基本方針には、経営課題から部門課題にブレイクダウンしたものも記述しますが、経営課題と部門課題の関連性を明記するようにします。部門課題を解決することが、経営課題解決につながる、ということを示すためです。そして、部門課題には優先順位をつけます。優先順位をつけた課題を中長期の時間軸にマッピングし、スケジュールイメージを作成します。

ＤＸ化による達成目標の設定

　ＤＸ導入による解決策と達成目標を明記しておくことも大切です。

◎ＤＸ戦略の立案プロセス◎

ＤＸ戦略
- 経営戦略・経営課題・問題意識
- ＤＸ化基本方針
- 部門課題
- ＤＸ解決策と達成目標
- 優先順位とスケジュール・体制
- 費用の見込み

ドキュメント化

社長以下共有

合意形成

何をもって、ＤＸ化が成功したかどうか、を判断するためです。

　たとえば、営業部門にＳＦＡとＣＲＭを導入するとします。これにより、営業案件数が15％増加、受注率が20％増加、結果として、売上が30％増加する、などの具体的な目標を設定します。目標は定性的なものではなく、**数字による定量的なもの**が望ましいです。客観的に、目標達成の程度を判断することができるからです。

　ＤＸ化の推進体制は、社長以下、ＤＸ推進担当者、部門関係者の役割分担となります。社長を体制に入れておくことは重要です。トップとしてのＤＸ化への意気込みを示すことができ、ＤＸ化推進の過程で生じる諸問題を全社視点で調整できます。ＤＸ推進担当者は旗振り役として重要ですが、実際のＤＸ化は部門の現場で実施されます。現場の主体的な取組みが必要になるので、最初に、現場関係者の意識づけをしておきます。

　ＤＸ化に要する費用の見込みもまとめておき、経理部門等で費用を確保してもらいます。ＤＸ化の取組みは、最終的には、費用対効果で評価されます。費用を明記しておくことで、評価が可能になるのです。

　以上の内容を「全社ＤＸ戦略」としてドキュメント化します。ドキュメントは、社長以下関係者に必ず説明して共有し、合意を得ておきます。これにより、全社的な協力体制ができあがります。

10-4

ＤＸ戦略の導入計画作成のしかた

 まずは情報収集からスタート

　ＤＸ化の戦略立案により大枠の方向と目標が定まったら、「導入計画」を作成します。

　計画作成プロジェクトは、いきなり大人数で活動するのではなく、まずは、パイロットメンバー数人を選定し、数か月のスパンで、情報収集と社内調整等を実施しましょう。

　初期活動では、まだ、具体的に何を導入すればよいのか不明であるうえに、作業はそれほど多くなく、少人数でも取り組めるからです。

　まずは、**情報収集**が必要です。世の中には、たくさんのＩＴシステムやＤＸ事例が存在します。

　自社のＤＸに関係しそうな情報を、できるだけ多く収集します。取りかかりは、ネットで情報収集するのが、手軽で速いです。国のＩＴ導入補助金やミラサポ等のサイトも参考になります。

　ネットでいくつか有力なＤＸ事例が収集できたら、それぞれのシステムに関し、より詳細な情報を収集します。展示会に行ったり、デモを見たり、システムベンダーに話を聞いたり、提案をもらったりするのもよいでしょう。

 推進役の選定から導入計画の検討まで

　社内調整も必要になります。ＤＸを導入する部門に、ＤＸ導入の戦略、目標などを伝え、協力を得られるようにします。部門の現場での推進役となるメンバーも、選定してもらいます。

　導入部門のメンバーが決まったら、その部門におけるＤＸ化に関する具体的な導入計画を作成します。

◎DX導入計画の作成プロセス◎

初期活動
- パイロットメンバー選定
- 情報収集
- 社内調整

導入計画の作成
- DX化対象業務
- 導入ツール
- データ連携
- スケジュール・体制

ドキュメント化

社長以下共有

合意形成

　部門内でDX化の対象となる業務内容と、導入するITツールの機能を検討し、業務で変更が必要になる部分、ITツールで変更が必要になる部分を抽出し、DX化の内容を具体化します。

 ## DX導入計画書の作成

　具体的なDXイメージができたところで、部門内の導入スケジュール、体制などをまとめます。

　部門内でパイロットチームをつくって、小さく先行導入して、効果を検証しながら、導入を進める例も増えてきているので、こうした導入手法も考えてみましょう。

　DX導入担当者は、会社のDX化対象部門のそれぞれで、導入プロジェクトに関わることになります。

　ITツールはさまざまありますが、将来的に、全社的なシステム連携ができるように、共通コードなど、データの受け渡しについては十分に留意し、データ連携のしくみを運用に組み込んでおくことが必要です。

　DX化の内容、スケジュール、体制、導入方法、全社データ連携のしくみが固まったところで、「DX導入計画書」として、ドキュメント化し、社長や部門関係者になどと共有し、合意を得ます。

　導入計画に関して、社内の合意が得られたことで、協力関係が構築され、DX化の推進、業務への実装ができるようになります。

ＤＸ化の推進のしかた

 ＤＸ導入の手順

　導入計画ができたら、いよいよ、ＤＸの導入を推進、実施します。

　まずは、導入計画書をもとに、ＤＸ化のイメージ（何がどう変わるか、現状の業務とＤＸ化後の業務の対比、移行のメリット、導入手順など）を簡単な絵にして、導入部門の社員等に共有しておくと、あらかじめ内容を理解してもらえるので、導入が進めやすくなります。

　日々の業務が行なわれているなかでの導入となるので、業務の妨げにならないように、まずは、対象を絞って、先行導入する事例が多くなっています。

　たとえば、営業部門で複数の営業チームがある場合は、一つの営業チームに絞って、ツールを導入して、使ってみてもらいます。

　ＳＦＡやＣＲＭであれば、対象チームのメンバーをシステムにユーザー登録して、実際の営業活動のなかで利用できるようにし、営業担当者のパソコンやスマホからも利用できるように設定します。

　リアルな営業活動のなかで、ＳＦＡやＣＲＭを使ってみると、いろいろなことがわかります。ツールの使い勝手や、便利なところ、不便なところ、改善を要するところなどです。ツールを利用してみてわかった感想や意見は、まとめておいて、業務やツール改善、カスタマイズにつなげます。

 ＤＸ導入の際の注意点

　いままで慣れていた業務と変わる部分が多いと、利用者からの不満も多くなります。もちろん、不満に対応してツールを改良することも考えられますが、それは、最小限にとどめます。ツール改良の

◎DX導入の流れ◎

導入準備		先行導入		拡　大
●DX化イメージの説明 ●先行導入チーム選定 ●機器・ツールの準備		●先行チーム試行 ●使い勝手・効果確認 ●関係者で評価		●対象チーム拡大 ●マニュアル・FAQ ●データ移行・保全 ●導入振り返り・報告

時間と費用がかさんでしまうからです。

　DX化の**本来の目的**は、ビジネス改革、業務改革でもあるので、ツールに合わせて、業務内容を変更できないか、という視点で導入を進めることも必要になります。

　先行チームの導入の過程で、業務とツール活用がまわり出したら、プロジェクトメンバーと部門責任者、利用者との間で、**DX化の評価**をしてみましょう。このまま拡大できるのか、それとも、もう少し改善、準備したほうがよいかなどについてです。

　何度かの評価、協議を経て、拡大できるという結論になったら、現状への業務の影響を極力回避しながら順次、部門全体に拡大していきます。

　拡大する際には、マニュアルやFAQ等の整備も進めます。対象範囲が広くなるので、きめの細かいサポートが難しくなるため、利用方法や疑問点などを、利用者が容易に調べられるようにしておきます。

　また、現状業務の情報と導入したツールの情報の整合性を取るなどのデータ移行や保全が必要になるケースもあるので、ベンダー等に相談しながら、対応していきます。試行錯誤を経て、全部門に拡大し終わったら、導入フェーズは完了となります。

　導入の経緯を振り返り、効果、反省点、今後の対応などをまとめて、社長等へ報告しておきましょう。

10-6

中小企業のＤＸ戦略

 ＤＸ化は中小企業こそ効果が大きい

　ＤＸは大企業ばかりでなく、中堅企業や中小企業でも導入が必要な状況です。事業継続、高齢化、人手不足など大企業以上に深刻な課題を抱えているからです。

　中小企業のＤＸ化は、実は、大企業より効果が出やすいのです。中小企業はいまでもアナログに頼った仕事が多く、デジタル化の余地が大きく残されています。また、組織が小さいため、ＤＸ導入のスピードが速くなり、効果を及ぼす範囲も相対的に大きくなります。

 ホームページやオンライン会議の導入

　いまだに、**ホームページ**をもっていない中小企業も多く存在します。スマホやネットが普及している現在では、顧客はまず、ネット検索して、情報を得てから行動します。ホームページがないと、そもそも検索の対象にならないため、商売の入り口で、候補から漏れてしまいます。

　ホームページは、簡単に作成できるツールも多く出ているので、専門知識や資金がなくても、一通りのものは作成できます。会社紹介、商品ＰＲ、お知らせ、問い合わせ先など、ホームページを使って、情報発信の形を整えるだけでも、ＤＸ化の恩恵が得られます。

　ホームページとＳＮＳを組み合わせたプロモーションも簡単になってきたので、挑戦してみるとよいでしょう。

　コロナ禍等で、**オンライン会議**ツールも普及してきました。大企業では、普通に使われていますが、中小企業でも、導入は難しくありません。クラウド型のサービスがあるので、ＩＤ登録さえすれば、利用開始できます。在宅にて会社と結んで業務ができれば、通勤時

◎中小企業のＤＸ化◎

ＤＸ化 小さなＤＸでも効果は大きい ●ホームページ ●SNSプロモーション ●スマホ活用 ●経理システム・グループウェア	**アウトソーシング** **専門家** **補助金**

←**活用**

間等が節約でき、生産性が向上します。作業現場と本社で、スマホで打ち合わせができれば、故障対応やトラブル対応も迅速にできます。新たな投資は、ほぼ発生しません。

　ほかにも、グループウェアによる情報共有や、経理システムの導入などは、中小企業でも取り組みやすいものであり、ＤＸ化の一環として、検討してみましょう。

 ## アウトソーシングや補助金を活用

　中小企業のＤＸ化が進まない一因として、人材不足があります。人手不足でただでさえ忙しいのに、ＤＸを進める人をアサインするのが難しい、という状況です。

　こんなときは、社外への**アウトソーシング**を考えましょう。自治体等で、専門家の派遣を行なっているところも多いので、それを活用することで、ＤＸ化が大きく進みます。さらに、量販店などでも、中小企業向けのＤＸ化支援メニューをもっているところも増えています。

　また、**ＩＴ導入補助金**など、中小企業のＤＸ化を支援する補助金も利用できます。ＤＸ導入に伴う費用を補助してもらえるので、費用負担を大きく削減できます。

　いろいろな支援を活用しながら、アナログ業務をデジタル化するという方向が、中小企業として、取り組みやすいＤＸ戦略といえるでしょう。

DX、AIの未来像

言葉の壁が消滅している

　AIやロボットなどの技術が急速に発達して、日常生活でも利用される時代になってきました。生活もビジネスも、近未来では大きく変わることが想定されます。

　そこで、2050年までの近未来で、実用化されていくテクノロジーと生活の変化を見てみましょう。

　まず、言葉の壁がなくなっていきます。**自動翻訳**は、すでにスマホ等で利用されていますが、翻訳の精度と使い勝手が飛躍的に高まっていきます。言葉の壁がなくなることで、ますます、グローバルでの活動が活発になります。

AIは人の代役に

　AIの発達はめざましいものがあります。ChatGPTの登場で、誰でもスマホから、あたかもAIと会話しているかのようなイメージで、いろんな分野の知識が得られるようになりました。

　AIはますます賢く、人間に近づいていきます。ある面では、人間を超越する能力ももつことになります（「シンギュラリティ」といいます）。

　従来、人間がやっていた仕事の多くが、AIが代替できるようになっていくので、人間の仕事のあり方など、世の中に与える影響はきわめて大きいです。

ロボットやドローンの発達

　AIと相まって**ロボット**も急速に発達します。人手不足に悩む現場には、導入が加速していきます。介護、医療、物流、店舗、飲食、

◎ＤＸの未来像◎

年代	2020	2030	2040	2050

言葉の壁が消滅

AIが人の代役に

ヒトと機械が共存

AIが人を超える

宇宙進出

清掃など、いろんな現場でロボットが働くことは普通になります。

　ドローンの進歩も見逃せません。いまでも小型化、低廉化が進んでいて、ドローンを使った空撮などは、一般の人でも利用しています。この利用範囲がさらに拡大していくのです。ドローンを使った無人配送、さらには、ヒトを運ぶ空飛ぶタクシーなども、近い将来に普及していくと想定されています。

宇宙にも進出

　宇宙の利用も進みます。衛星通信は普通のことになりましたが、ますます高速、大容量の通信ができるようになります。インターネットも衛星通信経由の割合が増えるでしょう。一般の人でも宇宙旅行ができる時代ですが、ますます手軽に安価に宇宙に行ける時代が来ます。宇宙を利用したビジネスは、大きな新しい産業のフロンティアになります。

　ＡＩ、ロボット、宇宙などテクノロジーの変化は速く、大きなものです。当然、生活やビジネスも大きく変容していきます。このような変化をとらえ、対応していくことで、いまでは考えられないような成長を得る大きなチャンスが広がっています。

　このチャンスは、黙って待っていても得られません。小さくてもしっかり準備ができている企業だけが、千載一遇のチャンスをものにできるのです。

10-8

経営のＤＸ戦略のまとめ

まずは、やれるところからやってみよう

「ＤＸは、まず、やれるところからやってみよう」という会社も
多いようです。

それは決して間違いではないのですが、現場は実際の業務が動い
ているところです。多忙な現場で、体制や支援もないまま、手探り
でツールを入れてもうまくいかないこともあります。経営者や現場
にＤＸ不信が渦巻いてしまっては、どうしようもありません。

やはり、**戦略や計画が必要**になるのです。少し前までは、戦略、
計画は大がかりに取り組むことが多く、ＤＸ化は、要件定義、シス
テム設計、システム開発、試験、導入、サポート等の流れを踏んで、
お金も時間もかかるものでした。

しかし、スマホやクラウドが普及した頃から、「**小さく始める**」
という流れが主流になってきました。ツールのカスタマイズや改善
が、やりやすくなってきたためです。これが、「まずはやれるとこ
ろから」ということにつながっています。

ＤＸ化の目的は経営課題の解決

こうした状況でのＤＸ戦略や計画は、やはり以前のような大がか
りなものは適さないようです。しかし、経営戦略の一環としてのＤ
Ｘ化という前提に変化はないため、ＤＸ化はあくまでも、経営課題
の解決に立脚点があります。

導入計画や導入の実施は、やはり、スマホ・クラウド時代に合わ
せるのがよいでしょう。

ＤＸ導入の範囲を絞り、ツールも使ってみて、使い勝手や効果を
確認する、必要によりカスタマイズや改善を行なう、そして拡大の

メドがついたところで、対象範囲を拡大する、という流れです。こうした実践的なＤＸを繰り返すことで、会社全体にＤＸ化が浸透していきます。

　ＤＸは部門や現場ごとに導入されることが多いのですが、部分最適は避けなくてはなりません。システムやツールがバラバラに乱立してしまうと、会社全体としてのシステム連携ができなくなってしまいます。これでは、全体の生産性はかえって落ちてしまうリスクがあります。

　データ連携をする際には、各ツールやファイルで、共通のコードが必要になります。ツールを使い始めてから盛り込むのは大きな改造になるため、ツールの利用を開始する前に、共通コードを盛り込んでおくよう、全体方針を明確にしておくことが大切です。

ビジネス社会で生き残るためにはＤＸ化は必要不可欠

　ＤＸ化は大企業が先行して取り組んでいますが、中小企業でも、できることは多いです。アナログ業務が中心になっていれば、デジタル化できる範囲も広く、大きな効果が得られます。ホームページ、ＳＮＳ、スマホなど身近なツールの活用でも、できることは多いのです。

　さらに、ＤＸ化に取り組むことで、ＩＴに詳しい人材が育つことも忘れてはなりません。もちろん、アウトソーシングや補助金など、多くの支援策を活用することも助けになります。

　Chat ＧＰＴの登場が話題になり、ＡＩが非常に注目されています。ＡＩの言語処理が進んで、人間のような振る舞いができてきています。ＡＩの活用で、専門家でなくともプログラミングできる時代になりました。

　ＡＩが、人の仕事のあり方に与える影響はさらに非常に大きくなります。そうした未来像を踏まえ、会社や仕事をうまく適応させていくことが、ビジネス社会で生き残るためには必要である、という時代になったのです。

海外のＤＸ事情

　世界デジタル競争力ランキングで、上位にくるのは、米国や北欧諸国で、日本は世界で32位と大きく遅れているようです。韓国、台湾、中国に比べても、やはり遅れています。

　海外のＤＸ化の例としては、Amazon、Uber、Airbnb、Spotify、Netflixなどが有名です。日本でもおなじみで、すっかり生活に溶け込んでいます。

　これらのサービスは、デジタル技術を用いて、新たなビジネスモデルを構築しています。スマホやネット、クラウドなどの普及をチャンスととらえ、以前では考えもしなかったようなビジネスを立ち上げているのです。デジタル技術とネットが起点となっているので、簡単に国境を越え、グローバルで、きわめて大きなビジネスを展開しています。

　一方、日本のＤＸ化は、新たなビジネス創出というよりは、既存業務の改善に主眼を置いたものが多いようです。アナログな仕事をデジタル化して、生産性を上げる、という取り組みです。

　人口減少や高齢化で人手が不足している状況では、どうしても、業務改善の優先順位が上がってしまうのかもしれません。

　しかし、日本がこれから遅れを挽回し、成長していくためには、新たなビジネスの創出が必要不可欠です。

　それは、業務改善ではなく、「誰もやったことがないビジネスをつくる」というレベルの発想から生まれるものです。

　ＡＩやロボットの技術が格段に進歩しているいまこそ、日本発の、グローバル市場を席巻する新しいサービスを生み出す大きなチャンスといえるでしょう。

おわりに
～ＤＸ推進は待ったなしです！～

　本書では、「業務ＤＸ」という現場の最前線レベルから見た現状認識にもとづく、課題やその解決策を提案してきました。現実にある多くの試練を乗り越えるためには、やはり**最前線の活性化以外に方法はない**だろうと信じて解説しました。

　読者の皆さまに、本書が何らかのヒントになっていただければ幸いですが、私たちももっともっと勉強して、さらによりよい提案ができればと考えています。

　ただし、私たちは最前線だけが頑張ればいいと思っているわけではないので、本書の最後に現場を取り巻く状況も俯瞰しておきたいと思います。

　いま、「日本の情報力は遅れている」といわれています。多くの業界がＤＸ化に取り組む一方で、日本の情報活用は「遅れている」と指摘され続けています。海外への発信の指標における全世界の国々のランキングでは、日本は東アジアで最下位だそうです。国民の知識、技術レベル、成長力の面を評価した結果です。

　たしかに、現状を振り返っても、経済の停滞問題をはじめ、人手不足や環境対応など多様な課題が山積する現在、ＤＸ着手がいよいよ待ったなしの様相を呈しています。

　ところで、「遅れている」のであれば、そういわれる要因を考えて対策を打たなければなりません。実際、新聞やネット情報でいろいろなことが取り沙汰されて、解決策や提案も示されています。

　しかし、それらを整理してみると、よりどころとなっている情報やデータの基準が統一されていないことによる混乱がみられます。一つの現象をばらばらの角度から見ているわけです。そうすると、

解決策や特効薬を見つけるのはきわめて困難な状態になります。

　いまの日本の遅れは、ゴールポストが定まっていないことによるものです。現実をみても、これだけ情報化社会が進んでいる日本が、発展途上の東アジアの国よりも遅れているといわれても実感がわくはずがありません。結局、企業においても、こういう現象は起こっていて、ある側面だけをみて他社より優れているとか遅れているとか論じても、あまり意味をなさないのと同じことなのです。

　他の国との比較よりも、**現実を直視して着実な改善を図る必要が**あるということです。

　本書で提示した課題の解決策は、「ゴールの設定」です。１章でも触れましたが、国家としてのＤＸ普及のゴールはどこにあるのでしょうか？　国家レベルになったときに、どこに国民のコンセンサスは集約されていくのでしょうか？　未来をつくる力、収益力、環境対応、少子高齢化対策、などいろいろな課題を問題提起されるだけで、それらに十分に対応できていないのは明白です。

　コンセンサスの得られるゴールというのは、現状問題解決型ではなく、**未来志向型**でなければなりません。希望あふれる未来を国全体で構築したいという気持ちは、誰しもが一致しているはずです。

　全体を俯瞰した未来図というのは、あちこちで発表されています。業界単位や大企業主導型でつくられている例も多くあります。行政改革も含まれていますし、ロボットを使ったり電気自動車の開発であったりと、ユニークな発想も盛り込まれています。

　これらは、全体のコンセンサスはまだ受けてはいないものの、多くの人に受け入れられる素地は十分にあるものです。このような未来図を「**業務プロセスデジタル化**（＝デジタルプラットフォーム）」の構想に組み込んでいけば、未来志向の見える化が進みます。このような未来と現実を結びつける橋渡しができれば、人々は前に進むことができるはずです。

ＩＴ企業からは、ＤＸといわず、情報化投資の提案が数多く行なわれています。一方で、政府や企業側が受け止めざるを得ない人材不足の現実があります。日本の場合には、常に資金不足と人材不足が壁であると政府自らも認識し、海外からも指摘されています。

　しかし、情報化技術の進展により人材不足の壁は低くなってきています。リスキリング（学び直し）が叫ばれているように、業務転換・人事制度改革は広がっているし、いまはＡＩ技術の発達により、**一般社員でも業務用プログラムを製作できる**ようになっています。ちょっとしたきっかけで、ＩＴ人材は生み出せるのです。

　資金の問題は、たしかに深刻なようにみえますが、多くの企業は、本当にお金がないわけではなく、**費用対効果が見えない壁のほうが大きい**のです。

　夢に多額のお金をつぎ込むことができないのは当然のことですが、生きたお金の使い道が見えてこないために、資金を動かせない理由になっています。

　市場がシュリンクしている経済環境では動きにくいのは理解できるところですが、そのなかで飛躍できている企業が存在するのも事実です。未来の見える化で、人材と資金の壁を打破して未来に進む原動力をもてれば目的に到達します。

　ＤＸ推進が夢物語ではないことは、本書をお読みいただいた読者の方には、ご理解いただけたことと信じています。

　本書の結びがちょっと理屈っぽくなってしまいましたが、最後までお読みいただき本当にありがとうございます。

　本書が少しでも皆さまの企業の業務改善にお役立ていただければ、執筆者一同、これほどうれしいことはありません。

　最後に、出版にご協力いただいた出版社や関係者の皆さまに感謝申し上げて、締めくくりとさせていただきます。

執筆者一同

【執筆者プロフィール】

神谷俊彦（かみや　としひこ）監修および1章、4章を担当

大阪府出身。大阪大学基礎工学部卒業。中小企業診断士、ITコーディネータ、M＆Aシニアエキスパート。富士フイルム(株)にて技術・マーケティング部門で35年勤務後、独立。現在、(一般社団法人)城西コンサルタントグループ(JCG)会長として、会員とともに中小企業支援を行なっている。得意分野は、ものづくり支援、海外展開支援、IT化支援。金融事情にも精通している。著書・共著書に、『図解でわかるDX いちばん最初に読む本』『図解でわかる経営計画の基本 いちばん最初に読む本』『資金繰りで困る前に読む本』『図解でわかる品質管理 いちばん最初に読む本』『図解でわかる金融のしくみ いちばん最初に読む本』（以上、アニモ出版）など多数ある。

新井一成（あらい　かずしげ）3章、5章、6章を担当

東京都出身。電気通信大学大学院修了。中小企業診断士。認定経営革新等支援機関新井中小企業診断士事務所代表。NECにて通信機の設計開発、ネットワーク管理システムの設計開発に従事。その後、マーケティング、技術企画、経営企画等を担当し、アラクサラネットワークスに出向。(一般社団法人)東京都中小企業診断士協会理事・城西支部長。(一般社団法人)城西コンサルタントグループ理事。神奈川工科大学非常勤講師。電子情報通信学会正員。サービス学会会員。共著書に、『図解でわかるIoTビジネス いちばん最初に読む本』（アニモ出版）、『新版 業種把握読本 事業性評価とライフステージ別融資・コンサルティング』『業種把握読本 内外環境のみどころ業界展望の勘どころ』（以上、金融ブックス）がある。

渡辺裕（わたなべ　ゆたか）8章、9章、10章を担当

秋田県出身。東京大学工学部卒業・東京大学大学院工学系研究科修士課程修了（人工知能応用研究）。中小企業診断士、高度情報処理技術者（ITストラテジスト、プロジェクトマネージャ、システム監査技術者）。NTTに入社（再編後、NTTコミュニケーションズ社）。システム開発、画像通信・国際通信事業、新規事業開発等の責任者を歴任。2020年に経営・ITコンサルタントとして独立。経営革新計画、事業再構築、商工相談など中小企業支援の実績多数。著書に、『Enterprise Cloud システム構築ガイド』（翔泳社）、『人工知能ホームズが倒産寸前会社を救った！ドラッカー「5つの質問」の物語』（ギャラクシーブックス）、『実効！転ばぬ先のBCP策定』（税務経理協会）がある。

上田裕樹（うえだ　ゆうき）2章、7章を担当

東北大学工学部卒業。中小企業診断士、ITストラテジスト。広告会社で営業・マーケティング担当を経て官公庁へ。主に事業企画、財政分野、防災分野に携わる。現在は公的機関のコーディネーターを中心に、事業企画、ITを活用した業務改善、DX推進支援、UI/UXサービス支援、各種行政施策の活用支援を通じ、中小企業支援に携わっている。東京都中小企業診断士協会城西支部所属。著書に、『実効！転ばぬ先のBCP策定』（税務経理協会）がある。

（一般社団法人）城西コンサルタントグループ（略称：ＪＣＧ）

国家資格の中小企業診断士を中心に公認会計士、税理士なども含めた130余名のコンサルタントが所属している経営コンサルタントグループ。2009年に発足し、首都圏を中心に全国のお客様にコンサルタント活動・研修セミナー・各種調査・執筆事業を行なっている。会員による個別企業の経営コンサルティングを行なうのはもちろん、企業が抱えるさまざまな課題（売上・利益改善、事業承継など）に対して、多彩な専門分野をもっている会員たちでベストチームを組んで、的確にかつスピーディな診断や助言を行ない、お客様から高い評価をいただいている。

『図解でわかる原価計算の基本としくみ』の監修のほか、『図解でわかるＤＸ いちばん最初に読む本』『図解でわかる経営計画の基本 いちばん最初に読む本』『図解でわかる品質管理 いちばん最初に読む本』（以上、アニモ出版）など神谷俊彦会長はじめ会員メンバーの著書が多数ある。

本　部：東京都新宿区新宿2丁目5－12
　　　　FORECAST新宿AVENUE　6階
ＵＲＬ：https://jcg-net.com/
mail：　info@jcg-net.com

ぶもんべつ　い
部門別に活かす
ディーエックスせんりゃく　　　　　　かた　　　　かた　じっせんへん
ＤＸ戦略のつくり方・すすめ方＜実践編＞

2024年1月15日　　初版発行

編著者　神谷俊彦
著　者　新井一成・渡辺裕・上田裕樹
発行者　吉溪慎太郎

発行所　株式会社アニモ出版
　　　　〒162-0832 東京都新宿区岩戸町12 レベッカビル
　　　　TEL 03(5206)8505　FAX 03(6265)0130
　　　　http://www.animo-pub.co.jp/

©T.Kamiya 2024　ISBN978-4-89795-281-9
印刷・製本：壮光舎印刷　Printed in Japan

落丁・乱丁本は、小社送料負担にてお取り替えいたします。
本書の内容についてのお問い合わせは、書面かFAXにてお願いいたします。

アニモ出版　わかりやすくて・すぐに役立つ実用書

図解でわかるDX いちばん最初に読む本

神谷 俊彦 編著　定価 1760円

新しいビジネスモデルである「デジタルトランスフォーメーション」の基礎知識から、DXの戦略的活用法・人材育成のしかたまで、知識のない人でも図解でやさしく理解できる本。

図解でわかる経営計画の基本 いちばん最初に読む本

神谷 俊彦 編著　定価 1760円

経営計画の目的、重要性、作成のしかたから、経営戦略の策定、計画達成のための実行管理のしかたまで、経営計画について知りたいことのすべてが、図解でやさしく理解できる本。

図解でわかる品質管理 いちばん最初に読む本

神谷 俊彦 編著　定価 1760円

品質管理はすべての企業に欠かせない。QCのしくみと基礎知識から実践的な統計的分析手法・経営戦略まで、図解とわかりやすい解説で初めての人でもやさしく理解できる入門書。

すぐに役立つ！ 資金繰りで困る前に読む本

神谷 俊彦 編著　定価 1870円

資金計画・資金繰り表のつくり方から、金融機関からの融資の受け方、資金調達のやり方まで、資金繰りや資金管理の悩みに応えて、具体的な対処のしかたがやさしく理解できる本。

定価変更の場合はご了承ください。